Bloch zur Einführung

Detlef Horster
Bloch zur Einführung

JUNIUS

Wissenschaftlicher Beirat

Prof. Dr. Detlef Horster
Prof. Dr. Ekkehard Martens
Prof Dr. Herbert Schnädelbach
Prof. Dr. Ralf Schnell
Prof. Dr. Alfred Schöpf
Prof. Dr. Jörg Zimmermann

Junius Verlag GmbH
Stresemannstraße 375
2000 Hamburg 50

Copyright 1987 by Junius Verlag GmbH
Alle Rechte vorbehalten
Einbandgestaltung: Johannes Hartmann, Hamburg
Titelfoto und Abbildungen: Jan Robert Bloch
Satz: Junius Verlag GmbH, Hamburg
Druck: SOAK GmbH, Hannover
Printed in Germany 1991
ISBN 3-88506-801-X
1. Aufl. 1977, SOAK Verlag, Hannover
2. erw. Aufl. 1978
3. Aufl. 1980
4. Aufl. 1982
5. Aufl. 1984
6., völlig überarbeitete Aufl. 1987
7. Aufl. 1991

CIP-Titelaufnahme der Deutschen Bibliothek
Horster, Detlef:
Bloch zur Einführung/Detlef Horster. –
6., völlig überarb. Aufl. – Hamburg: Junius Verlag, 1987.
(Zur Einführung; 1)
ISBN 3-88506-801-X
Frühere Aufl. im SOAK-Verl., Hannover

NE: GT

Inhalt

1. Biographische Annäherung 7
2. Das Diesseits Marx 29
3. Die Ontologie des Noch-Nicht-Seins 41
4. Das Noch-Nicht-Bewußte 51
5. Die Kategorien 63
6. Die Materie 77

Anhang

Anmerkungen 85
Literaturhinweise 92
Zeittafel 100
Über den Autor 101
Bilder aus dem Leben Ernst Blochs 103

Für Karola Bloch

> Wir sind zerfallen mit der Natur, und was einst, wie man glauben kann, Eins war, widerstreitet sich jetzt, und Herrschaft und Knechtschaft wechselt auf beiden Seiten. ... jenen ewigen Widerstreit zwischen unserem Selbst und der Welt zu endigen, den Frieden alles Friedens, der höher ist, denn alle Vernunft, den wiederzubringen, uns mit der Natur zu vereinigen zu Einem unendlichen Ganzen, das ist das Ziel all' unseres Strebens, wir mögen uns darüber verstehen oder nicht. ... Es wartet, um mit Hyperion zu reden, ein neues Reich auf uns.
>
> *Hölderlin*

1. Biographische Annäherung

Vierzehn Tage vor seinem Tod schrieb Ernst Bloch an einem Aufruf gegen die Neutronenbombe, eine der größten Perversionen, die die Menschen sich leisteten, wie er sagte. Er hatte Perversionen ähnlicher Art in seinem Leben einige kennengelernt: den Ersten Weltkrieg unter anderem. An seinem Anfang war Bloch 29 Jahre alt; er verurteilte den Krieg und schrieb gegen den »mörderischen Zwang der allgemeinen Wehrpflicht«. Die enttäuschten Hoffnungen auf dem Weg zur Entwicklung einer menschlicheren Gesellschaft waren aber für ihn nie Aufforderung zur Resignation, sondern immer von neuem Signal zum Kampf gegen das Widersacherische in der Welt. Hoffnung kann zwar enttäuscht werden, diese Enttäuschung ist aber – so Bloch – kein Grund zur Hoffnungslosigkeit. Überdies wußte er, daß trotz aller Widrigkeiten die Menschheit die Hoffnung auf eine bessere Zukunft nie aufgab. Sie hat sie immer wieder auf verschiedene Weise ausgedrückt, wie er im *Prinzip Hoffnung* darlegte: »Das Morgen im Heute lebt, es wird immer nach ihm gefragt. Die Gesichter, die sich in die utopische Richtung wandten, waren zwar zu jeder Zeit verschieden, genauso wie das, was sie darin im Einzelnen, von Fall zu Fall, zu sehen meinten. Dagegen die Richtung ist hier überall verwandt, ja in ihrem noch verdeckten Ziel die gleiche: sie erscheint als das einzig Unveränderliche in der Geschichte. Glück, Freiheit, Nicht-Entfremdung, Goldenes Zeitalter, Land, wo Milch und Honig fließt, das Ewig-Weibliche, Trompetensignal im Fidelio und das Christförmige des Auferstehungstags danach: es sind so viele und verschiedenwertige Zeugen und Bilder, doch alle um das her aufgestellt, was für sich selber spricht, indem es noch schweigt«[1]. Bloch wendet sich aber gegen falsche Hoffnung, gegen ihre Beschränkung auf private Luftschlösser und bloßes Wunschdenken.

Die Beschreibung verschiedenartigster Ausdrucksformen der Hoffnung auf unentfremdete Verhältnisse in der Geschichte war der Generalnenner seiner Werke und trug ihm den Titel »Philosoph der Hoffnung« ein. Bei Licht besehen war er allerdings kein Philosoph im traditionellen Sinn, sondern Realphilosoph: eine Kategorie, die Hegel entwickelte und die seitdem nur sporadisch Gestalt annahm. Blochs Denken war von Beginn an auf Weltveränderung gerichtet; es war darauf angelegt, in politischen Zusammenhängen orientierend zu wirken.

Sein erstes Buch, *Geist der Utopie*, während des Ersten Weltkrieges geschrieben, führt den Schlag gegen zwei ganz verschiedene Richtungen zeitgenössischen Denkens. Erstens gegen die Starre und Bewegungslosigkeit in der Philosophie an den Hochschulen: »An deutschen Universitäten ging nichts mehr außer Kant, Kant, Kant«. Andere Philosophen lernte er nur aus Büchern kennen. Zweitens ging der Schlag gegen das »gottlose Kleinbürgertum deutscher Sozialdemokratie«, die den Menschen nur noch als ein nicht integriertes Anhängsel der sich selbst bewegenden ökonomischen Basis ansah.

Diese doppelte Wendung gegen die damaligen Zeitströmungen in Philosophie und Politik hat Wurzeln in Blochs frühester Jugend. Er wurde am 8. Juli 1885 in Ludwigshafen geboren. Von dieser Stadt sagte Bloch: »Häßlich, das nackte, schonungslose Gesicht des Spätkapitalismus, verhungertes, ausgebeutetes Proletariat, nichts vom sogenannten geistigen Leben. ... Mit Politik habe ich mich zu beschäftigen begonnen, als ich abends diese verhungerten Proletarier ausgemergelt durch die Straßen Ludwigshafens schleichen sah«[2]. Bloch beschäftigte sich schon früh mit sozialistischen Gedanken, an Schule und Elternhaus vorbei, ja in Opposition gegen beide, von denen er sagt: »Im Elternhaus eine schwierige Mutter, ein Vater, der seit seinem siebzehnten Lebensjahr kein Buch mehr angerührt hat, königlich-bayerischer Eisenbahnbeamter. ... Und wir Pennäler, von denen alle anständigeren und die gescheiteren schlechte Noten hatten, haben geschworen, daß wir nie vergessen wollen, was die Schule uns angetan hat, die neun oder zehn Jahre Zuchthaus, zu denen wir in unseren schönsten Jahren verurteilt worden sind«[3]. Wegen Öde und Enge dort suchte Bloch die sozialistische Richtung. Er hatte Kontakt mit sozialdemokratischen Redakteuren. Im Alter von 13, 14 Jahren abonnierte er den *Vorwärts,* den er zu Hause sorgsam verbergen mußte. Für eine Weile hing er dem Bernsteinschen Revisionismus an, später auch für kurze Zeit der orthodoxen Richtung Kautskys. 1906 besuchte er den Mannheimer Parteitag, dessen netteste Episode ihm im Gedächtnis blieb: Rosa Luxemburg sprang August Bebel auf den Schoß und küßte ihn. Bloch war begeistert von der Nonkonformität Rosa Luxemburgs.

Mit der Politik verband sich bei Bloch die Philosophie, die er in der Ludwigshafen gegenüberliegenden Kulturstadt Mannheim kennenlernte, »deren Schloß eine wunderbare Bibliothek hatte, die noch aus der Zeit des Kurfürsten Karl Theodor stammte. ... Dort war der ganze große philosophische Farbenbogen von Leibniz bis Hegel vollständig vorhanden, und auch alle Schüler Hegels. Eine großartige Sammlung, die heute noch interessant wäre, war dort zusammengetragen, und ich fing dort an zu lesen, zu einer Zeit, als auf sämtlichen deutschen Universitäten über Hegel geredet wurde wie über einen toten, räudigen Hund. ... So habe ich Fichte, Schelling und Hegel früh kennengelernt; was ich nicht verstanden habe, habe ich überschlagen oder zu verstehen versucht, meistens mißverstanden, vermutlich aber in einer interessanten Weise mißverstanden«[4].

Das »Mißverstehen« der Philosophen ist ein kennzeichnendes Element der Blochschen Philosophie. Er interpretierte sie nie in der offiziell gültigen Weise. Ihn interessierten vor allem die Gedanken, die quer zum Hauptstrom der Zeit flossen, und deren in die Zukunft weisender Überschuß. Davon gibt das Buch Zeugnis, das seine Gesamtausgabe ursprünglich vollständig machen sollte: *Zwischenwelten in der Philosophiegeschichte,* wo vieles, was von schulphilosophischen Interpretationen nicht berücksichtigt wurde, von Bloch aufgesammelt worden ist. Liest man dieses Buch, so gewinnt man den Eindruck, die gesamte Philosophie der Weltgeschichte stehe in Front zu ihrer jeweiligen Zeit. Diese Kehrseite der Philosophie hat Bloch beerbt. Nichts aus dieser Tradition war vor seinem Zugriff sicher, wie Walter Jens am Grabe Blochs formulierte.

Derart Zukunfthaltiges entdeckte Bloch besonders bei seinem »hochverehrten Jugendlehrer Hegel«, über den er in *Subjekt-Objekt. Erläuterungen zu Hegel* schreibt: »Es gibt wenig Vergangenheit, die so problemhaltig wie seine uns noch aus der Zukunft entgegenkäme«[5]. Daß nach Blochs Meinung die Hegelsche Philosophie weiterhin Probleme aufgab, die zu bearbeiten wären, wurde ihm 1951 in der DDR-Zeitschrift *Einheit* zum Vorwurf gemacht: Hegel sei längst in den sozialistischen Klassikern aufgehoben, besonders in Stalin, den Bloch viel zu wenig erwähne, meinte der Rezensent[6]. Dem begegnete Bloch mit einer Kritik an der Flachheit der dogmatischen marxistischen Theorie bis dato, die sich durch mangelnde Hegelkenntnisse eingestellt habe. Damit müsse Schluß gemacht werden, rief er bei der Gedenkfeier zu Hegels 125. Todestag in der Ostberliner Akademie: »Genug davon, jetzt muß statt Mühle endlich Schach gespielt werden«[7].

Für Bloch war Schelling ebenso folgenreich wie Hegel — aber auch hier nicht die Schriften Schellings, die im Blick der Schulphilosophie stehen, sondern die späten Berliner Vorlesungen: *Die Philosophie der Mythologie und Offenbarung.* Von diesen Schriften Schellings kann man auch heute noch annehmen, was Bloch für die damalige Zeit sagte, daß »die vermutlich kein Mensch in der großen Welt näher kennt«. Von Schelling entlehnte er den Gedanken, daß das Wesen, das wirklich unentfremdete Sein, durch das prozeßhafte Zusammenwirken von Mensch und Welt erst noch zu erlangen sei: »Die wirkliche Genesis steht nicht am Anfang, sondern am Ende«[8].

In diesem Sinne interpretierte Bloch auch Aristoteles, der ihn ebenfalls stark beeinflußt hat. Nach Aristoteles strebt jeder Organismus von seiner Wirklichkeit zur Realisierung seiner Möglichkeit. Die Darstellung des Blochschen Materie-Begriffs im 6. Kapitel dieses Buches wird zeigen, welche zentrale Bedeutung diese Auffassung in seinem Werk erhält. Noch eine weitere Parallele zur Aristotelischen Philosophie fällt auf: Dort gilt als Wesenszug alles Seienden, daß es ständig in Bewegung ist. Nun ist Aristoteles dadurch bekannt geworden, daß er der Begründer der formalen Logik und der Kategorienlehre war. Auf den ersten Blick scheint das ein sich ausschließender Widerspruch zu sein. Die Logik erfaßt aber nach Aristoteles das Seiende nur in der Ruhe oder in einer Phase. »Auf Grund dieser Feststellungsstruktur kann die Rede über Bewegtes falsch werden, ohne sich selbst zu ändern, wenn das, worüber sie spricht, sich ändert«[9]. Auch diesem Gedanken werden wir wiederbegegnen, im Zusammenhang mit Blochs Ontologie des Noch-Nicht-Seins.

Die intellektuellen Impulse, die Bloch aufnahm, gingen selbstverständlich nicht nur von Klassikern der Philosophie aus, von denen hier ohnehin nur einige wichtige genannt werden können. Zu dem Kreis, mit dem er Gedankenaustausch pflegte, gehörten u.a. Benjamin, Kracauer, Adorno, Klemperer, Brecht und Weill. Besonders wichtig war jedoch seine Freundschaft zu Lukács in den Jahren 1913/14. Bloch erzählte gern, daß beide in dieser Zeit völlig übereinstimmten: Selbst wenn sie sich einige Wochen nicht sahen, entwickelten sie währenddessen ihre Gedankengänge so weiter, daß sie beim nächsten Zusammentreffen ihr Gespräch ohne Umschweife weiterführen konnten. Es sei daher notwendig gewesen, einen »Naturschutzpark der Differenzen« zu bilden, der ganz künstlich einfach deshalb angelegt wurde, damit sie gegenüber anderen nicht ständig wie aus einem Munde sprachen. Einige Jahre später kam es allerdings zwischen beiden zu echten und tiefgehenden Meinungsverschiedenheiten. Bloch meinte, daß Lukács seinen Begriff der Utopie nicht verstanden habe, und er wandte sich gegen den literaturtheoretischen Realismus, den Lukács vertrat, weil darin die utopische Dimension fehle.

Ihren gemeinsamen Bezugspunkt fanden Bloch und Lukács zunächst in der Subjekt-Objekt-Problematik von Hegels *Phänomenologie des Geistes,* als deren »Grundsatz« Bloch erkannte, was ihn von Jugend an beschäftigt hatte: »von Anfang bis Ende die Vermittlung des Denkens mit dem Sein, des Ich mit dem Nicht-Ich«[10]. Die *Phänomenologie* zog Bloch und Lukács deshalb so sehr in ihren Bann, weil »wir beide — Lukács und ich — selber noch jung waren, und weil diese Schrift sich an der Grenze des Wahnsinns bewegt«.

Bloch entdeckte drei entscheidende Motive, die in der *Phänomenologie* vereinigt sind und wesentlich auch das Zentrum der Blochschen Philosophie bilden: das revolutionäre Ich, das zuerst in der französischen Revolution erschien; die souveräne Erzeugung des Erkenntnisinhaltes, angeregt durch die Kenntnis der Naturwissenschaften; und das Ernstnehmen der Geschichte, vorbereitet durch die Arbeiten der Historischen Schule. Alle drei Elemente vereinigen sich gleichgewichtig in der *Phänomenologie des Geistes*. Sie stoßen auf besonderes Interesse in Zeiten, in denen es nach revolutionärer Umwälzung riecht. Als Frage läßt sich dann formulieren: Wie wirken Subjekt und Objekt bisher in der Geschichte zusammen, um geschichtliche Veränderungen herbeizuführen? Wie müssen sie zusammenwirken, um auch künftig geschichtlich verändernd sein zu können? Diese Fragen lagen in der Luft, als Bloch seine frühen Schriften abfaßte: *Geist der Utopie* (1918 und 1923) und *Thomas Münzer* (1921). Die gleichen Fragen beschäftigten Lukács in *Geschichte und Klassenbewußtsein* (1923). Daran sind für beide erkenntnistheoretische Fragestellungen geknüpft.

Daß die erwähnten drei Elemente — Subjekt, Objekt und Geschichte — auch in der Blochschen Philosophie gleichgewichtig vorhanden sind, zeigen schon das Kapitel »Zur motorisch-phantastischen Erkenntnistheorie dieser Proklamation« in der Erstauflage von *Geist der Utopie* und die zweite Fassung des Buches von 1923, dessen letztes Kapitel die Überschrift trägt: »Über die Weltwege, vermittelst derer das Inwendige auswendig und das Auswendige wie das Inwendige werden kann«. Die Verbindung dieser philosophischen Elemente aus der *Phänomenologie des Geistes* mit dem Aufdecken und Analysieren der zukunfthaltigen Tendenzen und Latenzen machte Bloch zum Phänomenologen der sozialistischen Zukunft.

Bloch schätzte die Jugendfrische an der *Phänomenologie des Geistes*. Durch die Liebe zur Jugend in der Philosophie gleichen sich Bloch und der sonst von ihm so verschiedene Adorno, der seinen Studenten oft sagte: »Die

Philosophie ist eigentlich Sache der Jugend«, sie sei nämlich »Widerstand gegen die etablierte Meinung«[11]. Beide waren sich darin einig, daß man sich das staunende Fragen der Jugend als Philosoph bewahren müsse. Die Unbefangenheit der Fragen kann erst zu neuen Antworten führen; die durch die Schullogik verbogenen Geister können solche Fragen schon nicht mehr formulieren. Die Jugend in der Philosophie ist gerichtet gegen alles Starre, gegen die Beharrungsmomente in der Gesellschaft, gegen den gesunden Menschenverstand, von dem Marx und Engels sagten, er sei der ärgste Metaphysiker. Weder Adorno noch Bloch konnten sich dem gesellschaftlich vorgeschriebenen Sprachduktus unterwerfen, weil er zu ihrem Problemhorizont nicht paßte. Mit verbrauchten Begriffen waren schon keine neuen Fragestellungen mehr möglich, und die Antworten Blochs klingen für die Zeitgenossen darum genau wie die Antworten Hegels für seine Zeitgenossen; sie bewegen sich an der Grenze des Wahnsinns, wie der Satz an den Wänden des Paris von 1968: Seid realistisch, tut das Unmögliche. Diese für die Alten als Wahnsinn erscheinende Jugend der *Phänomenologie des Geistes* hat Bloch sich immer bewahrt.

Ebenso wie Hegel hat wohl auch Jakob Böhme einen starken Einfluß auf die philosophische Entwicklung von Bloch ausgeübt. Bloch schreibt über ihn, daß seine Philosophie die tiefsinnigste Dialektik seit Heraklit in sich berge[12]. Das von Jakob Böhme entdeckte Weltgesetz lautet: »Die Natur aber hat zwei Qualitäten in sich bis in das Gerichte Gottes, eine liebliche, himmlische und heilige; und eine grimmige, höllische und durstige«[13]. Diese beiden Qualitäten in der Welt ringen heftig miteinander; das ist in der Tat das Weltgesetz für Jakob Böhme, denn es hat nach seiner Ansicht die größte Ausweitung: »In solcher Betrachtung findet man 2 Qualitäten, eine gute und eine böse, die in dieser Welt, in allen Kräften, in Sternen und Elementen, sowohl in allen Creaturen in einander sind wie ein Ding, und bestehet auch keine Creatur im Fleische in dem natürlichen Leben, sie habe denn beyde Qualitäten an sich«[14]. Wie ging dieses Weltgesetz dem schlichten Schuster, den die Engländer aber »philosophus teutonicus« nannten, auf? Bloch schreibt dazu: »Er sah ... in seiner Schusterstube, an einem Sonntagmorgen, einen Zinnteller an der Wand an, auf einem Bord, und der Teller leuchtete, wie Böhme sagt, ›mit lieblichem jovialischem Schein‹. Zinn steht unter Jupiter, daher jovialisch nach dem Genitiv Jovis von Jupiter. Und nun die Hauptsache daran: An dem Licht im dunklen Zinn ging ihm der Gedanke auf, daß ohne einen dunklen Grund Licht nicht offenbar werden könne. Das Licht im dunklen Zinngrund deutet also an: das Helle bedarf des Dunklen, um offenbar zu werden, kein Ding kann sich ohne das ihm Widerwärtige offenbar machen, ohne Nein gibt es kein Ja, die Welt besteht darum aus Gegensätzen, kurz, sie ist objektiv dialektisch«[15]. Heraklit stellte fest, daß Eins nur durch sein gegenteiliges Anderes erkannt werden kann; eben diese Einsicht finden wir auch bei Jakob Böhme.

Ich zitiere noch einmal aus einer anderen Schrift, nämlich aus den *Sechs theosophischen Punkten*, die das Gesetz noch eindringlicher wiedergeben: »Das Leben der Finsternis ist allem Leben des Lichts zuwider. Die Finsternis gibt grimmige, feindige Essenz, das Leben des Lichts gibt Liebe-Essenz. Wenn das grimmige Reich mit dem Lichte sollte angezündet werden, so hätte das Licht keine Wurzel zu seiner Natur und Eigenschaft: Es könnte kein Feuer erboren werden und wäre auch kein Licht, sondern alles ein Nichts. Darum muß das Grimmreich sein, denn es ist eine Ursache der Feuer- und Lichtwelt und ist alles Gottes. Die Finsternis erschrickt vor dem Lichte darum, daß die Lichtwelt in ihr wohnet und mag doch das nicht fahen; sondern ist also eine Ursache des Lebens und der Beweglichkeit«[16]. In der Schrift *Mysterium magnum* heißt es denn auch: »Das Böseste muß des Besten Ursache sein«[17]. Dieses Gesetz gilt auch bezogen auf den Menschen. In der *Aurora* heißt es dazu: «Nun gleichwie in der Natur Gutes und Böses quillet, herrschet und ist; also auch im Menschen: der Mensch aber ist Gottes Kind, den er aus dem besten Kern der Natur gemacht hat, zu herrschen in dem Guten, und zu überwinden das Böse. Ob ihm gleich das Böse anhanget, gleichwie in der Natur das Böse am Guten hanget, so kan er doch das Böse überwinden«[18].

Ein wesentlicher Unterschied zu Heraklit besteht bei Jakob Böhme allerdings darin, daß die Gegensätze für ihn immer etwas Neues, und zwar Besseres, heraustreiben. Bei Heraklit bleiben die Gegensätze bestehen. Das wirft auch ein Licht auf die so ähnlichen wie auch zugleich so unterschiedlichen Gedanken dazu bei Heidegger und Bloch. Heidegger sagt in seiner Heraklit-Vorlesung, bezogen auf die bei diesem erwähnte Artemis: »Sie ist die Erscheinung des Gegenwendigen, und nirgends und nie ist sie gesonnen, das Gegenwendige auszugleichen oder, einer Seite zugunsten, das Gegenwendige gar aufzugeben«[19]. Jakob Böhme ist dagegen davon überzeugt, wie wir eben sahen, daß das Böse überwunden wird, daß das Gute obsiegen wird. Die beiden Qualitäten — wie Bloch zitiert — stehen gegeneinander, damit sie sich bewegen und offenbaren. Letztlich, so sagt Böhme, wird »die gute Qualität in der Natur mächtig ... siegen über die böse«[20]. Diese Einsicht entspricht dem Wesenskern der Blochschen Philosophie.

Blochs geschichtsphilosophischer Gedankenkern läßt sich ohne die eben skizzierte produktive Aufnahme der unabgegoltenen philosophischen Tradition nicht verstehen: Auf eine nach vorn weisende Tendenz im Objektiven muß ein Bewußtsein auftreffen, das diese Tendenz aufnimmt und Objektives gegen den Widerstand des Widersacherischen in seine Richtung bringt, deren Ziel das Wesen ist, eine unentfremdete Gesellschaft, in der sich Subjekt und Objekt nicht mehr als fremde gegenübertreten: Heimat, die es in der Geschichte noch nie gegeben hat. Hier ist nun auch in der Philosophie der notwendige Übergang zum praktischen Handeln gekennzeichnet. Die so begründete Hoffnung auf eine bessere Zukunft verbindet sich notwendig mit dem Wissen, daß diese Zukunft sich nicht von selbst einstellt. Erst praktisches Handeln kann diese Zukunft herstellen. Damit wird deutlich, daß Bloch in der direkten Erbfolge von Marx stand und von diesem nicht gelöste Probleme so kennzeichnete, daß Lösungsmöglichkeiten sichtbar wurden, die alle fehlgeleiteten Marxismen der II. und III. Internationale rechts liegen ließen.

Auf seine eigene, schöpferische Weise ist Bloch zeitlebens Marxist geblieben. Umstritten innerhalb des Marxismus ist allerdings sein Verhältnis zum Stalinismus in der Zeit der Moskauer Prozesse[21]. Die Kontroverse um Blochs Haltung zur Sowjetunion während des Stalinismus kommt in gewissen Abständen immer wieder auf[22]. Blochs Stellungnahmen zu den Moskauer Prozessen mag man im Nachhinein als naiv kennzeichnen. Sie war aber nicht opportunistisch, sondern auf der Basis der Überlegung grundehrlich, daß einzig die Sowjetunion ein Bollwerk gegen den Nationalsozialismus sein könnte, sofern in ihr nicht ein Bürgerkrieg ausbrechen würde. (Diese Überlegung Blochs ist uns von Burghart Schmidt übermittelt worden; ich habe sie in den Literaturhinweisen auf Seite 95 f zitiert.) Wesentliche Differenzen zu parteikommunistischen Auffassungen dagegen, mit denen ja schon die Grundannahmen seiner Philosophie nicht vereinbar waren, brachte auf der politischen Ebene seine Faschismusanalyse zum Ausdruck, die 1935 unter dem Titel *Erbschaft dieser Zeit* erschien.

Dieses Buch enthält vor allem eine Abrechnung mit der Propaganda der KPD, die den Menschen zwar Wahres gesagt, doch stets nur vom Objektiven gesprochen habe, von nüchternen Zahlen und Fakten. Emotionen und Interessen der einzelnen, konkreten Menschen übersah sie: »Gefühle sind Besonderheiten, die der Rotstift heilt, das Alogische im Menschen hat keinen anderen Rang als den, beschimpft oder mindestens wegkonstruiert zu werden«[23]. Überdies setzte die kommunistische Propaganda voraus, daß in der Folge des gleichlaufenden Nebeneinanders aller objektiven Verhältnisse in einer Gesellschaft immer und überall auch die gleichen Ideologien und gleichen Interessen in den Köpfen der Menschen vorherrschten. Doch Bloch fand heraus, daß eine solche Gleichschaltung in Deutschland nicht bestand. Er ermittelte Ungleichzeitigkeiten in den Produktionsverhältnissen: Es gab Gebiete und Landstriche, in denen noch zurückgebliebene Produktionsverhältnisse herrschten; sie waren noch nicht auf der Höhe der Zeit, auf der Höhe der Entwicklung der kapitalistischen Produktionsverhältnisse. Eine Tatsache, die auch heute beispielsweise in ländlichen Gebieten festgestellt werden kann: Dort gilt partiell trotz entwickeltem Kapitalismus für bestimmte Produkte immer noch, daß sie nur auf dem Wege des unmittelbaren Warenaustausches zu erlangen sind. Auch Interessen und Ideologien sind ungleichzeitig: »Nicht alle sind im selben Jetzt da. Sie sind es nur äußerlich, dadurch, daß sie heute zu sehen sind. Damit aber leben sie noch nicht mit den anderen zugleich«[24]. Das Unterschiedliche in den Köpfen der Menschen müsse erst einmal ernst genommen und dann zum Ausgangspunkt der Propaganda gemacht werden. Damit jeder einzelne Mensch dem Propagandaredner zuhört, »muß er von seiner eigenen Lage her gepackt sein, und zwar zunächst von seiner Lage, wie sie sich in ihm spiegelt. Erst dann hat das Weitere Aussicht, gehört und verstanden zu werden, erweckt es Vertrauen. Das aber gelingt nie von außen oder von oben her, als überlegen nahendes Selberwissen. Von oben kommt man Fliegen bei, nicht Menschen. Selber klug sein ist erst die Hälfte der Klugheit«[25]. Die andere Hälfte ist eine Didaktik der Propaganda.

Bloch hatte erlebt, daß die Propaganda der Kommunisten ihre Adressaten gar nicht fand. Sie überhäufte die Menschen, die angesprochen werden sollten, mit ökonomischen Fakten, so daß die meisten Zuhörer nichts verstanden oder sich langweilten. Demgegenüber hatte er einen Agitator kennengelernt, der in Thüringen vierhundert Jahre alte Münzer-Texte vorgelesen hatte. »Und die Bauern in zurückgebliebenen oder, besser, entlegenen Gebieten haben ihn verstanden. In Hessen, vor allem in Oberhessen, las er aus Georg Büchner vor, aus dem ›Hessischen Landboten‹, zu der Zeit immerhin über 100 Jahre alt, und die Bauern haben ihn verstanden. Also eine alte Sprache, die der alten Ungleichzeitigkeit entspricht, während die andere, die übliche Parteisprache (das Parteichinesisch, wie es damals sehr bedeutungsvoll genannt worden ist) keinen Zuhörer, kein Verständnis, keinen Adressaten gefunden hat«[26]. Nur zu klassenbewußten Proletariern konnte man so sprechen wie es die Kommunisten taten, nicht aber zu den Kleinbürgern, selbst in Großstädten nicht, und erst recht nicht in der Provinz. Bei ihnen war zwar auch der Widerspruch gegen den Kapitalismus vorhanden, denn auch für sie, nicht nur fürs Proletariat, begann das, »was gegeben ist, ... stetig unwirtlicher zu werden«[27]. Allerdings suchten sie ihr Heil in der Vergangenheit, in den besseren früheren Zeiten, die sie herbeisehnten. »Die Ungleichzeitigkeit macht, daß das Verhältnis Sein:Bewußtsein kein direktes, adäquates, mechanisch-promptes ist, mit anderen Worten, daß dem proletarisierten Sein der Bauern und Kleinbürger das proletarische Bewußtsein keineswegs auf dem Fuße folgt. Es bildet sich vielmehr ein falsches Bewußtsein eigener Art, ein Innenraum, der an die proletarisch-großkapitalistische Wirklichkeit und ihre Dialektik nicht direkt angrenzt, der folglich den sozialistischen Wahrheiten über diese Wirklichkeit gar keine oder nur verzerrte Resonanz gibt. Widerspruch genug wird auch hier verspürt, subjektiver der dumpfen Wut wie objektiver sozusagen, eines romantischen Antikapitalismus, einer immer noch nicht ausgelebten, auch relativ besseren Vergangenheit, die gegen die ›Mechanei‹ der Gegenwart sich sperrt. Aber dieser Widerspruch eben ist ungleichzeitig, folglich vom echten, realen gleichzeitigen so verschieden wie die dumpfe Wut von der bewußten revolutionären Tat, wie eine unausgelebte Vergangenheit von der zukünftigen Gesellschaft, womit die gegenwärtige schwanger geht«[28]. Diese romantische Beziehung der Kleinbürger zur Vergangenheit ist dann von den Nazis in der Propaganda ausgenutzt, von den Kommunisten in ihrer Phantasielosigkeit aber gar nicht wahrgenommen worden. Die Nazis dagegen hatten — indem sie konkret an das anknüpften, was in den Köpfen der Kleinbürger vorging — »die nationalsozialistische Massenbasis aus ungleichzeitigem Widerspruch«[29]. Die Kritik an der Propaganda der KP war die Basis auch für die spätere kritische Auseinandersetzung mit ihr. Bloch warf ihr Vergessen des konkreten Einzelnen vor und Unterdrückung des Einzelnen auf Kosten des Kollektivs, denn »auch der Mensch, nicht nur seine Klasse hat, wie Brecht sagt, nicht gern den Stiefel im Gesicht«[30].

»Als ›Erbschaft dieser Zeit‹ 1935 in Zürich erschien, waren alle Chancen des sozialistischen Erbes der großen bürgerlichen Kultur gerade in jenem Lande, für das Bloch, durch alle Katastrophen und Restaurationen hindurch, bis heute eine erwartungsvolle Zuneigung bewahrt hat ... bereits vollständig und für lange Zeit vertan«[31]. Der Widerstand gegen den ärgsten Feind, gegen den Nationalsozialismus, hatte nicht zu seiner Abwehr führen können. Eine Emigration in die Sowjetunion war allerdings nicht umstandslos möglich. Die Kritik Blochs an der damaligen KP, deren Theorie von der Orthodoxie Moskaus gespeist wurde, zeigt, daß er in ihren Reihen nicht ohne weiteres im Gleichschritt hätte gehen können.

Am 6. März 1933 emigrierte Bloch in die Schweiz, 1934 ging er nach Wien, wo er seine zweite Frau, Karola, heiratete. 1935 lebten sie in Paris und von 1936 bis 1938 in Prag. 1938 emigrierten sie endgültig in die Vereinigten Staaten. Dort wurden sie von Hanns Eisler und Joachim Schumacher empfangen, zu denen sie während der Emigrationszeit auch den meisten Kontakt hatten. Ansonsten lebte Bloch sehr zurückgezogen. Die meisten Freundschaften bestanden schon in Deutschland oder Europa. In Amerika begann Bloch mit der Arbeit am *Prinzip Hoffnung*, das seinem Sohn Jan Robert gewidmet ist: »Ich war glücklich, ungestört auf deutsch schreiben zu können, in einer Sprache, die rundum nicht gesprochen und banalisiert wurde, einer wissenschaftlichen und einer philosophischen Sprache. Ich habe Tag und Nacht gearbeitet, elf Jahre lang, ernährt von meiner Frau, also kein Vorbild im amerikanischen Sinn. ›Wenn Ihr Mann nun nichts verdient‹, hat ein Amerikaner einmal meine Frau gefragt, ›weshalb wechselt er nicht den Job? Man hat ja nur einen Job, weil man Geld verdienen will, und wenn er mit Philosophie nichts verdient, soll er was anderes machen!‹«. Dazu erfand Bloch später die Antwort: »In Amerika fangen die Millionäre mit Tellerwaschen an, die Philosophen hören damit auf«[32].

1948 nahm Bloch ganz bewußt einen Ruf nach Leipzig an. Er wollte in dem Land arbeiten, das daran ging, eine neue, eine sozialistische Gesellschaft aufzubauen. Aber schon bald geriet er mit der Parteibürokratie in Konflikt, der er vorhielt: »Die sozialistische Oktoberrevolution ist gewiß nicht dazu bestimmt gewesen, daß die fortwirkenden, in der ganzen Westwelt erinnerten demokratischen Rechte der Französischen Revolution zurückgenommen werden, statt einer Erkämpfung ihrer umfunktionierten Konsequenz«[33]. Wenn Marx von der Abschaffung des Privateigentums sprach, hatte er damit nicht gemeint, daß zugleich auch die Menschenrechte wie »Freiheit, Widerstand des Volkes gegen Unterdrückung« in den Mülleimer der Geschichte geworfen werden sollten. Diese Gefahr sah Bloch aber in der DDR gegeben, in der selbständiges Denken »gegen den Anstand verstößt«. Bloch prangerte die

Mißstände 1956 in seinem Schlußwort auf dem Kongreß der Deutschen Akademie der Wissenschaften in Berlin öffentlich an. Auf diesem Kongreß sei zu wenig über die gesellschaftlichen und individuellen Freiheiten gesprochen worden. Diese stünden zwar in jedem sozialistischen Programm, doch bezogen auf die Wirklichkeit könne man auch dort sagen: »Vor Tische las man's anders, wie oft ist das wahr«. 1957 wurde Bloch zwangsemeritiert, Karola in einer Art Sippenhaft aus der Partei ausgeschlossen. Bloch galt von da an wie Sokrates in Griechenland als »Verführer der Jugend«. Nur der Einsatz eines Einzigen im Politbüro bewahrte ihn vor dem Zuchthaus.

Als seine Freiheiten auf ein unerträgliches Maß reduziert wurden, blieb Bloch nach dem Bau der Mauer 1961 in Westdeutschland. Seine Wohnung wählte er in Tübingen, nicht zuletzt, weil die Namen Schelling, Hölderlin und Hegel eng mit Tübingen verbunden sind, weil sie »hier in der Luft hingen«. Doch auch in der Bundesrepublik, und gerade hier im Kapitalismus, war er unbequem. Paradox genug freilich, daß er hier mehr persönliche Freiheit genoß als in einem Land, das den Sozialismus zum Programm hat. Diese zweite Emigration war — wie gesehen — in der ersten schon angelegt. Wir erinnern uns an Bloch als Kämpfer gegen die Notstandsgesetze, gegen den § 218, gegen die Berufsverbote noch als Neunzigjähriger. Als Zweiundneunzigjähriger setzte er sich für das Zustandekommen des dritten Russell-Tribunals ein. Karola und er arbeiteten in der Organisation *Hilfe zur Selbsthilfe* mit, die Menschen hilft, denen der langjährige Freiheitsentzug das Rückgrat gebrochen hat. Es würde dem Denken Blochs widersprechen, wenn er im Erreichen dieser gesteckten Nahziele nicht auch das Fernziel sehen würde: »Wir müssen vor allen Dingen wissen«, sagte er 1967 anläßlich der Verleihung des Friedenspreises an ihn, »daß die Nah-Ziele condito sine qua non sind für das Endziel, für den Traum vom besseren Leben«[34].

Am 4. August 1977 starb Ernst Bloch in Tübingen, nachdem seine Gesamtausgabe fertiggestellt war und er an dem Ergänzungsband arbeitete. Mittlerweile wird oft gefragt, ob seine Philosophie der Hoffnung noch aktuell sei, denn die Gründe zur Mutlosigkeit sind mehr geworden: Arbeitslosigkeit, vielfältige ökologische Probleme, wachsende soziale Ungleichheit und vieles mehr. Es ist jedoch »keineswegs nur Realismus, wenn eine forsch akzeptierte Ratlosigkeit mehr und mehr an die Stelle von zukunftsgerichteten Orientierungsversuchen tritt. Die Lage mag objektiv unübersichtlich sein. Unübersichtlichkeit ist indessen auch eine Funktion der Handlungsbereitschaft, die sich eine Gesellschaft zutraut«[35]. Wie aber ist es um die Handlungsbereitschaft in unserer Gesellschaft bestellt? Das ist in diesem Zusammenhang die entscheidende Frage. Wenn wir genau hinsehen, wird uns deutlich, daß die Versuchsproduktionen des »Experimentum Mundi« keineswegs zum Stillstand gekommen sind. Und die vielleicht größte Versuchsproduktion ist die demokratische Gesellschaft, in der ein großes Potential von Entwicklungsmöglichkeiten liegt – bei aller Kritik, die ja gerade dieses Potential aufzeigen kann. So meint beispielsweise Jürgen Habermas, daß die positiv-menschlichen Elemente von Recht und Moral »in den Institutionen der Verfassungsstaaten, in Formen demokratischer Willensbildung, in individualistischen Mustern der Identitätsbildung auch eine (wie immer verzerrte und unvollkommene) Verkörperung gefunden haben«[36]. Bloch zeigt dies in *Naturrecht und menschliche Würde*.

Überdies lassen sich Versuche in kleinerem Maßstab beobachten, aus denen deutlich wird, daß das Experimentum Mundi längst nicht abgeschlossen ist. Sie finden sich im Protest und in alternativen Lebensweisen: »Die alternative Praxis richtet sich gegen die gewinnabhängige Instrumentalisierung der Berufsarbeit, gegen die marktabhängige Mobilisierung der Arbeitskraft, gegen die Verlängerung von Konkurrenz- und Leistungsdruck bis in die Grundschule. Sie zielt auch gegen die Monetarisierung von Diensten, Beziehungen und Zeiten, gegen die konsumistische Umdefinition von privaten Lebensbereichen und persönlichen Lebensstilen. Weiterhin soll das Verhältnis der Klienten zu den öffentlichen Dienstleistungsbetrieben aufgebrochen und partizipatorisch, nach dem Vorbild von Selbsthilfeorganisationen umfunktioniert werden«[37].

Zwar kann ohne einen solchen Einstellungswandel das Experimentum Mundi nicht zu einem guten Ende gebracht werden; aber alle Unkenrufe, daß für unsere Gesellschaft sowieso jede Wendung zum Besseren zu spät käme, oder daß sofort mit dem Einsatz von Gewalt gegen die staatlichen und wirtschaftlichen Institutionen vorgegangen werden müsse, um noch etwas zu retten, wirken letztlich als »self-fulfilling prophecy«. Jede kurzfristige Veränderung ohne grundsätzlichen Einstellungswandel ist zum Scheitern verurteilt. Eine mögliche Menschheitskatastrophe kann nur verhindert werden, wenn die Menschen die Verantwortung für gesellschaftliche Prozesse selbst übernehmen, statt sich von Institutionen und sogenannten Sachzwängen bestimmen zu lassen. Bloch würde mit Marx sagen, daß der »wirkliche individuelle Mensch« den »abstrakten Staatsbürger« in sich zurücknehmen müsse[38]. Mehr oder weniger entwickelte Ansätze dazu können wir immer wieder beobachten. Sie belegen die Aktualität der Blochschen Philosophie.

2. Das Diesseits Marx

Es ist immer eine ganz bestimmte Konstellation von Denkern, die Einfluß hat auf nachfolgende Philosophen. Marx beispielsweise wäre nicht in der Lage gewesen, die Kapital-Analyse zu schreiben, wenn er nicht sowohl die Problemstellung der klassischen Politischen Ökonomie gekannt hätte wie auch die Struktur der Hegelschen *Logik*. Ernst Bloch sagt in dem Werk, das seine Gesamtausgabe vollständig machte, über sich selber, seine Philosophie habe »den Bruder Schelling, den Vater Hegel, das Diesseits Marx«[1].

Dem späten Schelling verdankt Bloch die so wichtige Unterscheidung von Daß und Was, gleichbedeutend der Unterscheidung von Existenz und Wesen — ein Wesen allerdings, das sich erst noch im Geschichtsprozeß verwirklichen muß. Ohne diese wichtige Unterscheidung wäre die Blochsche Philosophie undenkbar. Ich werde darauf noch ausführlicher eingehen. Gegen den Hinweis auf die Verwandtschaft Blochscher und Schellingscher Philosophie erhebt sich — soweit ich sehe — kein Widerspruch.

Ebenfalls nicht gegen die Beanspruchung Hegels durch Bloch als wichtiger Einfluß auf seine Philosophie. Eines seiner Werke hat Bloch Hegel gewidmet mit dem zu seiner eigenen Philosophie beziehungsreichen Titel: *Subjekt-Objekt*. Hierin erfahren wir, daß es Bloch zufolge für Hegel die erkenntnistheoretische Trennung von Subjekt und Objekt gar nicht gab. »Die Vermittlungslehre ließ weder einen haltbaren Abstand des Subjekts vom Objekt noch einen des Objekts vom Subjekt übrig, erkenntnistheoretisch also: des Gegenstands vom Bewußtsein. Nach Hegel versperrt dieser Gegensatz geradezu den Eingang zur Philosophie, und sie muß sich zuvor von ihm befreien. ... Die Welt ist aus gleichem Stoff wie der im Menschen erkennende Geist, also ist infolge dieser metaphysischen Einheit zwischen Objekt und Subjekt nicht nur kein Hiatus, sondern das Erkennbare leistet dem Erkennenden auch gar keinen irgendwo nur substantiellen Widerstand«[2]. Bloch meint, daß Hegel den Dualismus zwischen Subjekt und Objekt auflöse; doch mystifiziere er das ihnen gemeinsame unter dem Namen »Geist«[3]. Daher liegt es für einen nicht im Banne des Weltgeistes stehenden Philosophen wie Bloch nahe, sich auf das »Diesseits Marx« zu beziehen.

In Interpretationen der Blochschen Philosophie wird eine Vielzahl von Denkern aufgeführt, die bedeutenden Einfluß auf Bloch hatten. Man wird kaum korrigiert werden, wenn man Schelling oder Hegel, Aristoteles, Jakob Böhme oder Leibniz nennt. Vorsicht scheint am Platze, wenn man Marx ins Spiel bringt. Das Urteil, Bloch habe nichts mit Marx gemein, eint viele der sonst so zerstrittenen Marxisten. Sowohl vom Marxismus sowjetischer Prägung wie von Vertretern des sogenannten westlichen Marxismus wie auch von Marxisten, die nicht dem einen oder anderen Lager zugerechnet werden können, wird bestritten, daß es sich bei seiner Philosophie um marxistische Philosophie handelt[4]. Daß dieses Urteil nicht aufrechtzuerhalten ist und daß sich sogar eine grundlegende Übereinstimmung Blochs mit Marx feststellen läßt, werden die folgenden Ausführungen zeigen. Ich setze sie der weiteren Annäherung an das Blochsche Denken voran.

Die globale Behauptung, Marx habe auf Bloch Einfluß gehabt, ist nun allein ziemlich nichtssagend. Angesichts der häufigen Bezugnahmen Blochs auf Marx an zentralen Stellen seines Werkes läßt sich dieser Einfluß ohnehin nicht leugnen. Es lohnt sich, ihn genauer zu bestimmen. Von welcher Schrift oder welchem Grundgedanken Marxens geht er aus? Ich will hier eine Interpretation der Wertformanalyse im *Kapital* vornehmen, die sich auf einen Gedanken dort konzentriert, der — wie ich meine — auch ein Kerngedanke der Blochschen Philosophie ist[5].

Die kapitalistische Produktion entwickelt sich aus der Warenzirkulation, die ihren Ausgangspunkt am Rande der naturwüchsigen Gemeinwesen hat: »In der Tat erscheint der Austauschprozeß von Waren ursprünglich nicht im Schoß der naturwüchsigen Gemeinwesen, sondern da, wo sie aufhören, an ihren Grenzen, den wenigen Punkten, wo sie in Kontakt mit anderen Gemeinwesen treten. Hier beginnt der Tauschhandel und schlägt von da ins Innere des Gemeinwesens zurück, auf das er zersetzend wirkt«[6]. In der einfachen Tauschsituation ist der Kapitalismus schon angelegt; Marx zeigt, wie sich aus ihr das Geld entwickelt und aus diesem das Kapital. Diese Entwicklung geht allerdings nicht als unabhängige Seinsentwicklung vor sich, obwohl es der reinen Erkenntnis so scheint. Die Menschen sind an dieser Entwicklung beteiligt.

Die Bewußtseinstätigkeit vor und am Anfang dieser Entwicklung hat noch eine andere Qualität gegenüber der, die sie dann erreicht: Sie dient dem unmittelbaren Lebensgewinnungsprozeß. Das gilt auch für die Geometer im alten Ägypten, die entgegen verbreiteter Meinung keine abstrakte Mathematik betrieben haben, wie sie von den Griechen entwickelt worden ist. Die Berechnungen der ägyptischen Geometer waren stets auf die konkrete Landgewinnung und Abmessung bezogen. Die Bewußtseinstätigkeit, die noch unmittelbar auf konkrete Lebensführung gerichtet ist, erhält die Möglichkeit zu einer entscheidenden Veränderung in der Phase, in der die Menschen ihre Produkte zu tauschen beginnen: Die Produkte erhalten eine zusätzliche Qualität, die gesellschaftlich ist, nämlich die, einen Wert zu haben. Der Wert vermittelt die Bewegung der Produkte dann, wenn der Tausch nicht mehr nur ein rein zufälliger am Rande der Gemeinwesen ist, der »erlischt, ebenso zufällig, wie er entsteht«. Wenn der Tauschhandel also zu einem »kontinuierlichen Akt« wird, dann wird der Wert die »unsichtbare Hand«, die die Bewegung, den Austausch der Waren untereinander regelt[7].

Diese Bewegung erscheint den Menschen im Verlauf der höheren Entwicklung der Warenzirkulation als natürliche und unabhängige, der sie als erkennende und beobachtende Subjekte gegenüberstehen. Es bleibt ihnen verborgen, daß der Wert nicht »objektiv« ist, also nicht den Objekten als natürlich anhaftet, sondern gesellschaftlich entstanden ist und sich auch gesellschaftlich weiterentwickelt hat. Subjekt und Objekt können sich fortan als Subjekt und Objekt der reinen Erkenntnis gegenübertreten. Nun kann sich auch die Denktätigkeit der Subjekte verselbständigen, d.h., sie sind nicht mehr unmittelbar auf die Objekte bezogen. Sie können die Objekte erkennen ohne unmittelbar verändernde Konsequenz für diese. Die Bewußtseinstätigkeit kann sich dem Lebensgewinnungsprozeß gegenüber verselbständigen, die Subjekte können also rein theoretisch erkennen. Schon Aristoteles analysiert diesen Vorgang im Ersten Buch der Metaphysik: Als alles dem Menschen Nützliche und Angenehme geordnet war, sei die Wissenschaft entstanden, und zwar dort, wo Menschen am meisten Muße gehabt hätten, in Ägypten. Die Wissenschaft betreibe das Erkennen um ihrer selbst willen und nicht für einen Zweck oder einen praktischen Nutzen, der außerhalb ihrer liegt. Erkenntnis habe ihren Zweck in sich selbst.

Daß dies vor der Entwicklung des Tausches mittels Waren und Geld, an dessen Anfang die genannte Trennung ansatzweise auftritt, nicht der Fall ist, läßt sich anhand der homerischen Epen nachvollziehen. »Die reflektierte Interpretation der homerischen Epen zeigt, daß es hier noch nicht jenes seiner selbst bewußte Ich gibt, das einer Welt von Objekten gegenübersteht, die es mit den Instrumenten des rationalen Denkens zu erkennen und mit überlegtem Handeln zu beeinflussen vermag. Daher handeln die homerischen Helden nicht im ›eigentlichen‹, d. h. in dem uns verständlichen Sinn (entgegen dem, was ein seit Jahrhunderten übergestülptes Interpretationsschema behauptet). Auch wenn man ihr Verhalten als Einwirken äußerer, göttlicher Kräfte beschreibt, hat man das Wesentliche verfehlt, weil es gerade diese Trennung von Innen und Außen, von Individuum und Umwelt noch nicht gibt. Noch nicht: denn das homerische Epos steht in seinen wesentlichen Zügen noch vor der Schwelle der tiefgreifenden Umwälzungen, die etwa im 7. Jahrhundert den Handel zu einer verbreiteten Erwerbsweise in verschiedenen Gemeinwesen der Ägäis machten und zum ersten Mal das Geld in Münzform hervorbrachten«[8].

Die Geschichte der Trennung von Subjekt und Objekt der Erkenntnis und die Geschichte der Entwicklung des abstrakten Denkens ist gleichzeitig die der Entwicklung vom einfachen Tausch zum Kapitalismus. Auch das abstrakte Denken entwickelt sich mit der Tauschabstraktion, bei der die verschiedenen Produkte auf das ihnen innewohnende abstrakte Gleiche bezogen werden. So ist nur noch ihre Werteigenschaft für die Agenten des Tausches interessant. Das gilt für die vorkapitalistische Schatzbildung und für den Kapitalismus.

Der Tausch und das Denken sind aber nicht zwei entgegengesetzte Pole, obwohl Subjekt und Objekt die beschriebene Trennung erfahren haben, sondern es handelt sich um ein wechselseitiges Produktionsverhältnis von Daseins- und Bewußtseinsformen. Dies läßt sich nachvollziehen an der Entwicklung des Geldes. Zunächst war für den Tausch eine Größe zu finden, die es möglich machte, qualitativ verschiedene Dinge quantitativ gleichzusetzen, um den Austausch vollziehen zu können. Diese Größe setzt die Abstraktion von bestimmten Besonderheiten der Produkte voraus. Sie besteht zuvörderst nur im Kopf der Menschen. Später wird in der Wirklichkeit daraus die Vergegenständlichung des Werts, die Realabstraktion des Werts. Diese Realabstraktion in Gestalt des Geldes ist weder einfach gegeben, noch haben die Menschen den Gebrauch des Geldes im vollen Bewußtsein seiner Bedeutung eingeführt. Aber sie haben immerhin eine Setzung vorgenommen, die analog zu diesem in der Wirklichkeit sich durchsetzenden Prinzip allmählich die Abstraktionsfähigkeit des Menschen entstehen läßt.

Ein bestimmtes Denken (oder Bewußtsein), nämlich das abstrakte Denken, ist somit auch konstitutiv für die Entwicklung des Kapitalismus, der das vorläufige Endstadium der Entwicklung des Tausches bildet. Für den Kapitalismus ist das Bewußtsein konstitutiv, das sich in der bis dahin erfolgten Entwicklung des Tauschprozesses herausgebildet hat. Das Vermögen des abstrakten Denkens, das Vermögen der Vernunft also, das im Zuge der Geldentwicklung entstand, ist Voraussetzung für die Entwicklung des Kapitalverhältnisses und des bürgerlichen Subjekts in diesem Kapitalverhältnis.

Um nicht mißverstanden zu werden: Es ist keinesfalls nur das Bewußtsein, das konstitutiv ist für die Entstehung des Kapitalismus. Auf der Objektseite (wenn man in den hergebrachten Kategorien sprechen will) sind die Ware, das Geld und die gesellschaftlichen Verhältnisse, die Marx im *Kapital* beschreibt[9], Voraussetzung für das Entstehen des Kapitalismus. Keine der beiden Seiten ist denkbar ohne Wechselwirkung mit der anderen. Man darf übrigens auch nicht annehmen, daß sich mit der Herausbildung des Tausches und der Entstehung des Geldes in Münzform nur die Qualität des menschlichen Denkens ändert — auch die Objekte ändern ihre Qualität. Die Produkte des menschlichen Lebensprozesses werden Waren mit der Qualität, einen Wert zu besitzen, und der Möglichkeit, selbständig zu agieren. Sie bedürfen des Menschen nur noch, damit der sie zu Markte trägt, weil die Waren selbst keine Beine haben. Die Handlungen des Menschen werden zu »Reaktionsweisen« der Bewegung des Werts.

Die Abstraktionen der Menschen sind demnach nicht nur in ihrem Kopf, sondern auch in der Wirklichkeit vorhanden. In einem Brief an Annenkow stellt Marx ausdrücklich und in Abgrenzung zu Proudhon klar, »daß die Menschen, die entsprechend ihrer materiellen Produktivität ... die gesellschaftlichen Beziehungen produzieren, auch die Ideen, die Kategorien, d.h. den abstrakten, ideellen Ausdruck eben dieser gesellschaftlichen Beziehungen produzieren«[10]. Die Abstraktionen, von denen Marx ausgeht und die in der Wirklichkeit vorliegen, sind »Abstraktionen, die mühsam den Kindern in den ersten Jahren als

Grammatik und mathematische Logik eingebleut werden müssen. Keine einzige der Ware-Geld-Kapital-Metamorphosen könnte sich ohne diesen abstrakten bürgerlichen Verstand vollziehen, der zum Funktionsmoment des Kapitals selbst wird«[11]. Dies macht die Wechselwirkung deutlich, die dem Zustandekommen neuer Denkformen und neuer Objektformen zugrundeliegt. Nur die Denkformen oder nur die Objektformen zu betrachten heißt, immer nur eine Seite des Gesamtprozesses zu sehen.

Meine Interpretation eines bestimmten Aspektes der Marxschen Wertformanalyse kann ich abschließend mit einem Zitat von Wolfgang Müller zusammenfassen: »Schon die Vergesellschaftung über den Tausch bedingt die Struktur der Verdoppelung, also die Verselbständigung der nicht bewußt vergesellschafteten Arbeit zu einer Welt von Objekten, die den Subjekten, also ihren Urhebern, als von ihnen unabhängige gegenübertritt. Der doppelte Charakter, den das Arbeitsprodukt als Ware erhält, nämlich zugleich Gebrauchsding und Wert zu sein, und die darin angelegte Entwicklung einer Welt von Formen des Werts, ist also zugleich der Grund für die Konstituierung des Gegenübers von Subjekt und Objekt der theoretischen Erkenntnis. Wo die Menschen ihren Lebensprozeß mit der übrigen Natur in direkter (nicht über den Austausch vermittelter) Vergesellschaftung ihrer Arbeit regeln, gibt es also keinen Platz für eine abstrakte Beziehung zwischen Erkenntnissubjekt und Erkenntnisobjekt. Das gilt auch für die von den assoziierten Produzenten bewußt gestaltete Gesellschaft der Zukunft«[12].

Nach diesen Vorüberlegungen lassen sich nun die Gemeinsamkeiten in den Systemen von Ernst Bloch und Karl Marx aufweisen. Wir sahen schon, daß Marx die Trennung von Denken und Sein nicht als immer so seiende akzeptiert, sondern daß er sie als historisch gewordene nachweist. Erst im Tauschakt entsteht die Möglichkeit der Selbständigkeit der Produkte ihren Erzeugern gegenüber und damit die Möglichkeit der theoretischen Erkenntnis des Objekts durch das Subjekt. Hier finden wir auch den Anfangspunkt der Geschichte der Philosophie, für die das Denken einerseits und das selbständige Sein andererseits Selbstverständlichkeiten sind. Die Philosophie entwickelt die Vorstellung bis hin zu einem reinen Denken, das völlig von den leiblichen Empfindungen des Menschen getrennt ist. »Man kann sich ganz als leiblich spüren. Oder auch, man kann sich selber nur als Ich oder als sogenannte Seele fühlen, folglich unkörperlich. Daß aber beide Teile überhaupt auseinandergehalten werden, dies ist nicht immer so«[13].

Ernst Bloch distanziert sich von der philosophischen Tradition, die die Trennung von Denken und Sein umstandslos übernahm. Die idealistische Philosophie mit dem Überschuß des Geistes und die materialistische Philosophie mit dem Überschuß des Seins versuchen, beide auf ihre Weise, die beiden Pole Denken und Sein zusammenzubringen. Bloch zeigt, wo er sich der Geschichte der Philosophie und einzelnen Philosophen zuwendet, die Trennung von Denken und Sein immer wieder auf. Dabei versucht er, positive Elemente der beiden philosophischen Hauptrichtungen zu vereinen, ohne sich einer von ihnen anzuschließen.

Für Bloch wie für Marx — und das ist die Quintessenz beider Theorien — kann die Entfremdung des Menschen von sich und die Entfremdung von der Natur erst aufhören, wenn die Selbständigkeit von Subjekt und Objekt mit der Folge der Möglichkeit des reinen Seins und des reinen Denkens aufgehoben wird. Das gute Ende, das in der Entwicklung angestrebt werden soll, ist die »Identität des zu sich gekommenen Menschen mit seiner für ihn gelungenen Welt«[14]; dann sind »Subjekt-Objekt nicht mehr behaftet mit einem sich Fremden«[15]. Das gute Ende wird nicht erreicht, wenn man es nur denkt, sondern die Aufhebung der Selbständigkeit der Objekte muß praktisch werden, muß in der Wirklichkeit geschehen. Die Voraussetzungen für solche Praxis entnimmt Bloch dem dialektischen Materialismus, der einzigen Philosophie, in der »die idealistischen Gegensätze zwischen Denken und Sein, Verstand und Sinnlichkeit, Apriorismus und Empirismus, auch Voluntarismus und Fatalismus wirklich überwunden« sind[16]. Die beiden nach vorn hin offenen Systeme bei Marx und bei Bloch stimmen im Kern überein: Subjekt und Objekt wurden getrennt, kommen aber, indem sie zu sich kommen, auch zueinander.

Die Blochsche Philosophie liefert darüber hinaus eine entscheidende Hilfestellung, den Irrtum zu beseitigen, bei Marx läge eine Trennung von »Logischem« und »Historischem« vor. Wir haben gesehen, daß Denken und Sein nicht ohne weiteres als getrennte behandelt werden können. Würde man die Denk-Logik und die Seins-Logik trennen, dann würde man dem Schein, den Marx beseitigen will, doppelt aufsitzen. Er will ja gerade zeigen, daß sich die bürgerliche Welt der Trennung von Sein und Denken umstandslos anheimgibt, ohne aufdecken zu können, wo diese Trennung entstanden ist, ohne sagen zu können, wie diese Trennung wieder aufzuheben ist. Demgegenüber muß Logik immer auf Onto-Logik bezogen sein — aber nicht auf eine Ontologie, die ein fertiges, unhistorisches

Sein voraussetzt (wie bei Heidegger), sondern auf eine Ontologie, die davon handelt, wie das Sein historisch erst wird, nach Maßgabe der in ihm angelegten Möglichkeiten. Das Sein wird erst, und mit ihm entwickelt sich das Denken, das auf dieses Sein bezogen ist.

3. Die Ontologie des Noch-Nicht-Seins

Wie in jeder großen Philosophie findet sich auch im Werk Ernst Blochs ein Grundgedanke, der für die weitere Beschäftigung mit dem Werk als Ausgangspunkt dienen kann. Diesen Gedanken hat Bloch in einem Vortrag unter dem Titel »Zur Ontologie des Noch-Nicht-Seins« komprimiert dargelegt[1]. Da er einen Einstieg verschafft und die Fähigkeit verleiht, allen Schriften Blochs den richtigen Ort im Gesamtsystem seiner Philosophie zu geben, soll auch hier zunächst dieser Gedanke expliziert werden.

Zuerst stellt sich die Frage, wo unser Denken beginnt. »Ein Denken, das weit zu gehen hat und worin sich etwas entwickelt, setzt klein ein«[2], unabhängig von vorgegebenen Begriffen, im augenblicklichen Jetzt. So nahe uns jedoch das Jetzt auch ist, so sehr liegt es im Dunkel — Bloch spricht umschreibend vom »Dunkel des gelebten Augenblicks«, an dem das Denken ansetzt und aus dem es sich herausbewegt. Er unterscheidet in seiner spezifischen Terminologie das Leben (in einer lebenslangen Folge von Augenblicken) vom Erleben: »Es ist ein anderes zu leben und zu erleben. Das eine geht dunkel vor sich, steht sich zu nahe, um mehr als gemerkt zu sein. Das Erlebte dagegen tritt bereits aus sich selber heraus, hält sich von sich ab, hält sich nicht mehr im blinden Fleck. Bleibt gewiß noch unmittelbar, doch fängt an, ein weniges daraus herauszutreten, sich gegenüberzutreten«[3].

In diesem Anfang, den das Denken macht, liegen bereits seine wesentlichen Bestimmungen. Es hebt nicht an mit der metaphysischen Frage nach dem »Wesen«, sondern mit der Frage nach dem »Was« dessen, daß etwas geschieht. Es ist ein unabgeschlossenes, offenes, durch keine Antwort stillzustellendes Denken. Es enthält in seinem Ansatz den Keim zu geschichtlichem Denken: »Das Dunkel möchte ungeschichtlich sein, die Versuche, in es einzudringen, sind es nicht. ... Und der Ausdruck des Dunkels an sich selber konnte nur den Sinn haben, dem scheinbar Geschichtslosen seine Geschichte zu fordern. ... Bloch ist vom situationalisierbaren Augenblick aus auf Geschichte aus«[4]. Dieses Denken ist sowohl »subjektiv« wie »objektiv« in den Lebensprozeß eingebunden, »gegenständliches Denken, das sich mit seiner Sache herausmacht«[5]. Bloch hat das, was im Folgenden erläutert werden soll, prägnant so formuliert: »Das Denken macht sich auf den Weg des bewegt-Seienden«[6].

Wir sind seit Platon gewohnt, zwischen Sein und Nicht-Sein zu unterscheiden. Bloch ist daher auf nicht wenig Unwillen gestoßen, als er an Heraklit erinnernd das Sein im Jetzt als Nicht-Sein identifizierte. »Das Nicht ist Mangel an Etwas und ebenso Flucht aus diesem Mangel; so ist es Treiben nach dem, was ihm fehlt«[7]. Als Bewegung nach etwas, was nicht da ist, ist das Nicht zugleich ein Nicht-Da. Als Lebensäußerung eines Mangels ist das Nicht zugleich ein Nicht-Haben, das sich ausdrückt in den Trieben, in den Bedürfnissen und vor allem im Hunger von Lebewesen, die danach streben, den Mangel zu beseitigen. »Nicht-Haben, Mangeln also ist die erste vermittelte Leere von Jetzt und Nicht«[8]. Bloch bestimmt dieses Nicht als eines, das »Anfang zu jeder Bewegung nach etwas« und daher auch kein Nichts ist[9]; das es in seinem Zustand nicht aushält, »sondern als treibendes Daß, als Hunger und Anstoß ganz unten darauf hin treibt, immer wieder zu seinem Was herausgebracht und wachsend prädiziert zu werden. Mit allem bisher Erreichten weiter unzufrieden, sein Nein dialektisch wühlen lassend. Dieser Art ist Nicht keineswegs ein Nichts, als welches vielmehr ein vereiteltes Werden, ein Scheitern des Bestimmens voraussetzt. Während doch das Nicht im Unmittelbaren der Nähe allemal am Anfang steht und dem Fortgang gerade zu einem Noch-Nicht verschworen ist«[10].

Die Richtung, die dieses Noch-Nicht weist, schlägt auch das Denken ein. Es entdeckt im geschehend Seienden den Grundzug von Noch-Nicht-Seiendem, »darin aber stets von versuchtem Sein als Noch-Nicht-Sein. ... Jenes gründlich wesenhafte, das das volle Sein wäre, bereitet sich, wenn überhaupt, erst in den prozeßhaften Versuchen seines Unterwegs«[11]. Wir stehen gewissermaßen inmitten von Versuchsproduktionen eines Experimentum Mundi, das noch längst nicht abgeschlossen ist und sich in stets neuen Versuchen weiterentwickelt. Sie bringen Seiendes hervor, das aber dem vollen Begriff von Sein noch nie entsprochen hat und absehbar nicht entsprechen wird. »Vollständiges Sein käme einem Seienden zu, das alle möglichen Eigenschaften hat, die es haben kann«[12]. Gemessen daran ist alles gewahrbar Seiende Noch-Nicht-Seiendes. Das Seiende in der Welt bis zur Kenntlichkeit seines Seins zu verändern, »ist der menschlichen Arbeit anheimgegeben — als Grenzbegriff ihrer Aufgabe«[13].

Es scheint, als stünden wir nun vor einem unüberbrückbaren Abgrund zwischen dem Nullpunkt des Nicht, von dem wir ausgehen, und der Vorstellung von einem endlichen Sein, das sich durch menschliche Arbeit im weitesten Sinne erfüllt. Vordergründig bieten sich Vereinfachungen an, indem man dem Noch-Nicht eine pragmatische Grenze setzt. Es weist dann nur soweit in die Zukunft, daß der Abstand vom Mangel zu seiner Behebung als bloß subjektiver Abstand erscheint: als Mangel an Kenntnissen oder Fähigkeiten, die man erwerben kann; als Dummheit, die an der Nutzung verfügbarer Mittel hindert usw. So kennt eigentlich jeder das Noch-Nicht in seiner begrenzten Alltagssphäre und sieht sich dabei doch permanent schon auf dem Sprung in den Zustand, den er sich als erstrebenswert vorstellt. Das Problem des Noch-Nicht reduziert sich hier auf die Dinge, die man haben, mit einiger Mühe vielleicht greifen oder gar kaufen kann — in einer fertigen Welt. »Wenn wir auf der Straße wandern und wissen, daß nach dreiviertel Stunden ein Wirtshaus kommt, so ist das das vulgäre Noch-Nicht. Jedoch an der Straße, die wir in dieser prekären Welt wandern, ist das Wirtshaus, gar als rechtes, noch gar nicht gebaut«[14].

Die Fakten, die allemal geschichtliche sind, offenbaren sich dem utopisch-dialektischen Denken als unabgeschlossene Versuchsreihe, als Prozeß, dessen Struktur sich in formelhafter Kürze bezeichnen läßt mit: S ist noch nicht P, Subjekt ist noch nicht Prädikat. Das Prädikat »muß substanziell noch herausgebracht werden; es ist in der Welt viel versucht, oft gestaltend umkreist, noch nie zentral gelungen«[15]. Im Sinne eines Seins, das noch nicht geworden ist und auf das alles Seiende bezogen ist, will Bloch auch seine Ontologie des Noch-Nicht-Seins verstanden wissen: »Ontologie des Noch-Nicht-Seins ist die des prozessual-gestalthaften Seienden mit ständigem Bezug zu Sein als seiend vermitteltem In-Aufgabe-Sein. Dies einzig so erst gewahrbare Sein hat in der Mensch- wie Welt-Mühe des Seienden seine gesuchte Vermittlung«[16].

Zusammenfassend heißt das: Beim Nicht, das im Dunkel des Jetzt treibt, ist der Anfang zu machen. Aber wie geht es weiter? Das unfertige, unvollkommene Sein strebt danach, sein ganzes Wesen zu realisieren. Angetrieben vom Daß der Existenz, strebt es nach dem Was seines Wesens. Wäre es vollkommen, so gäbe es keinen Prozeß, kein Daß des Nicht-Da und des Nicht-Habens, das diesen Prozeß fortwährend anstößt. »Das Woher von allem steckt im Daß dessen, daß überhaupt etwas ist, und dieses Daß des Anstoßes wie des Werdens zum Sein genau als einem Prozeßsein liegt eben und überall im Dunkel seines noch nicht manifest gewordenen, immer erst punktuellen, unausgebreiteten Augenblicks. Das Was dieses Daß, der mögliche Sinngehalt seines im Weltprozeß sich herausexperimentierenden, zur adäquaten Manifestierung drängenden Daßfaktors, also der Sinn dieser Welt liegt selber noch in keinerlei Vorhandenheit. Befindet sich erst im Zustand einer Möglichkeit, als einer noch nirgends gültig realisierten, freilich auch noch nirgends endgültig vereitelten. Daß es überhaupt etwas gibt, dieses Daß drängt zur Geschichte, drängt in den Prozeß, worin das Daß die vielen Etwasse auf sein Was hin setzt, probiert und so das X im Daßfaktor, das darin zu sich tendierende Was überhaupt nach außen zu bringen, lösend heraus zu bringen unternimmt«[17].

Das Sein als das noch nicht fertige Sein, von Bloch Noch-Nicht-Sein genannt, hat in der alten Metaphysik keinen Namen. Das Sein wird dort als von Anfang an fertig behandelt. Schon bei Aristoteles ist es in jedem Einzelnen, in jedem Seienden anwesend. In der Philosophie des Noch-Nicht-Seins liegt darum implizit eine Kritik an der alten Metaphysik, auch an der Philosophie Heideggers. Bloch sieht in einer solchen Philosophie die Basis für ein reaktionäres politisches Verhalten. Daß am Anfang schon alles perfekt sei, kommt den konservativen und reaktionären Interessen, die sich gegen alles Neue sperren, entgegen[18]. Alles Wesen, das für Bloch erst noch hergestellt werden muß, gilt in der bisherigen Metaphysik darum immer als Ge-Wesenheit. Bei Bloch dagegen hat das im Abstand von seinem Wesen befindliche Sein das Noch-Nicht als ontologische Bestimmtheit.

Hat sich die Trennung von Sein und Denken, von Subjekt und Objekt festgesetzt, so ist die Frage zu stellen, in welchem »Faktor« das Daß seinen intensivsten Anstoß ausübt, der zur Aufhebung dieser Trennung führen kann. Bloch weist darauf hin, daß in der Philosophie nicht immer nur die Trennung von Subjekt und Objekt, von Denken und Sein gedacht wurde. Es gab durchaus »Brückenschläge« zwischen diesen beiden Polen, so bei Plotin, Goethe und Schelling[19]. Aufgrund der Wirkung der historisch gewachsenen Trennung muß man in der jetzigen Welt dennoch davon ausgehen, daß Subjekt und Objekt sich noch fremd gegenüberstehen. Sie sind aber auf dem Weg zur Aufhebung ihrer Fremdheit. »Denken ist auf der Fahrt, so bleibt es ohnehin nicht innen. Das Fahren aber geht auch in der Welt selber vor sich; ob und wie weit es gegenständlich angetroffen ist, das entscheidet. Indem beide, das Verfahren des Denkwegs und die Bestätigung seiner im Fahren des Sachwegs zusammengehören. Statt jeder Verkürzung des Wahren auf reflektierte Denkfunktion, die sich selbst allein garantieren soll, gilt und entscheidet vielmehr die Brücke zum angetroffenen Objekt. Solcher Brücken, gegen methodischen Solipsismus, gibt es genug; das Subjekt wird genugsam von außen affiziert, und ihm wird zugeführt, worauf es allein nicht gekommen wäre. Welch eine

Brücke ist gerade im Affiziertwerden wie Affizieren allein schon die Kausalität zwischen Subjekt und Objekt, wie bemerkt, und ebenso, was entscheidend wichtig, auch umgekehrt zwischen Objekt und Subjekt, also die Wechselwirkung. Mehr als das Kantische Ich-denke muß folglich unsere Vorstellung begleiten können; vielmehr muß erst recht die Anwesenheit des Objekts im Denken notwendig sein, soll eine wirklich konstitutive Erkenntnis zwischen Objekt und Subjekt, ja aus Objekt und Subjekt zusammen gelingen«[20]. Die haltbarste Brücke zwischen Objekt und Subjekt, die in der Philosophie geschlagen wurde, sei die dialektische, betont Bloch an gleicher Stelle. Wieder auf den Grundgedanken seiner Philosophie zurückgehend und die Frage beantwortend, wo der Daß-Faktor seine stärkste Wirkung ausübt, schreibt er: »Derart können sich vom Streben und Hungern des Nicht her, das es bei sich nicht aushält und so zu seinen Äußerungen treibt, die aufeinander zugeordneten Intentionen im Subjekt und die Tendenzen im Objekt entsprechen, die utopische Funktion im Menschen und die Latenz in der Welt, das unausgeschöpfte Voraus im Menschen und die utopiehaltige Latenz in der Welt«[21]. Diesen Gedanken, den Bloch in *Experimentum Mundi* aufgreift, hatte er schon in frühester Jugend, ja er kann auch biographisch als der Ausgangspunkt seiner Philosophie betrachtet werden: »Zweiundzwanzigjährig kam der Blitz: die Entdeckung des Noch-Nicht-Bewußten, die Verwandtschaft seiner Inhalte mit dem ebenso latenten in der Welt«[22].

Nun ist allerdings nicht nur das Gute in der Welt, oder nur das latente Gute und die Tendenz zum Besseren hin, sondern auch das Widersacherische. Der Prozeß, in dem die Welt Gestalt annimmt und Neues hervorbringt, hat nicht nur Gelungenes hervorgebracht; andernfalls wäre sein gutes Ende schon absehbar oder gar bereits gekommen. Widerstände treten gleichermaßen im Erkennen wie in den Sachen selber auf, und die Versuche, sie zu überwinden, haben keine Erfolgsgarantie für sich. Sie können scheitern, anders als intendiert verlaufen und letztlich im Nichts enden. Eben darum muß der subjektive Faktor, hat er einmal erkannt, wie es um die Welt und deren Entwicklungsmöglichkeiten steht, eingreifen. Er muß auf der Strecke, die zum guten wie zum schlechten Ende führen kann, die Weichen zum Guten hin stellen. Bloch betont, daß diese Zuordnung des Utopischen im Menschen zum Latenten in der Welt »so wenig glatt« ist, »daß ja allererst der Eingriff des prozeßhaft orientierten subjektiven Faktors nötig wird«[23]. Eben darum ist Ernst Bloch in seinem philosophischen Werk, insbesondere im *Prinzip Hoffnung*, interessiert an der Geschichte des menschlichen Bewußtseins und des menschlichen Denkens und an den utopischen, nach vorn weisenden Gehalten in ihnen. Zu Unrecht wird ihm dabei vorgehalten, er sei mehr an freischwebenden Ideen als an deren realem Gehalt interessiert. Bloch fordert ausdrücklich, daß das Bewußtsein immer auf das Sein bezogen sein muß, soll es wirksam werden: »Das Bewußtsein spiegelt und erhellt, aber das Sein bedingt letzthin und trägt. Nur indem und soweit das Bewußtsein auf dies tragende Sein dauernd bezogen ist, gehört es ebenfalls zum Bedingenden und Tragenden in der Welt«[24]. Das Mögliche realisieren heißt darum: »Subjektes Vermögen in Gang setzen, um objektiv-real Mögliches zu verwirklichen«[25]. Oder noch einmal anders: Am Ende steht das vollkommene Sein. »Auf der langen Strecke des dazuhin vermittelnden Prozesses ist zwar noch zwischen Verwirklichendem und zu Verwirklichendem zu unterscheiden, aber letzthin fallen beide zusammen«[26].

In diesem Sinne ist zu verstehen, was Bloch mit dem »Subjekt in der Natur« bezeichnet. Subjekt und Objekt sind noch getrennt. Doch der Prozeß strebt zu dem Ziel der unentfremdeten Vermittlung von Subjekt und Objekt. Diese Aufhebung der Fremdheit entwickelt sich, »wobei allerdings die Natur nicht bloß Objekt sein kann, sondern selbst die Keime eines werdend Subjektiven enthalten muß«[27]. Diese Keime sind offenbar Rudimente eines früheren Verhältnisses von Subjekt und Objekt, in dem es noch keine Selbständigkeit der Objekte gab.

Der Grundgedanke der Blochschen Philosophie lautet in einer weiterführenden und hier abschließenden Formulierung: »Item, der Nullpunkt im Daß sucht, versucht durchs Experiment der Welt sein, das ist ihr Omega, vorscheinend eben im Subjekt als Glück, in der Gesellschaft als Solidarität menschlicher Würde, im Draußen der Weltlandschaft, mit nicht mehr ausgelassenem Insichsein, als Heimat«[28]. Darum hat die Philosophie die Aufgabe, den noch undeutlichen und dunklen Daß-Grund mit immer mehr Was-Bestimmtheiten zu lichten.

Die Ontologie des Noch-Nicht-Seins findet ihre Entsprechung im Noch-Nicht-Bewußten, das im nächsten Kapitel behandelt wird.

4. Das Noch-Nicht-Bewußte

Es gibt verschiedene Grade des Bewußtseins. Das gilt längst als selbstverständlich und ist beileibe keine Entdeckung Blochs. Er hat jedoch den Begriff vom Unbewußten und seinem Verhältnis zum Bewußtsein entscheidend modifiziert und erweitert[1]. Bloch zufolge ist der helle Kern des Bewußtseins umlagert von dunkleren Rändern, die nicht allein in Vergangenes zurückgreifen, sondern ebensogut Künftigem vorgreifen. Während das Freudsche Unbewußte unter die Schwelle des Bewußtseins in dunklere Zonen abgesunken ist, dämmert am oberen Rand ein Unbewußtes auf, das sich in Tagträumen ganz ungerufen Beachtung verschafft. Bloch bezeichnet das Bewußtsein solcher Art als Noch-Nicht-Bewußtes. Der Widerstand gegen das Bewußtwerden des Noch-Nicht-Bewußten ist, nebenbei bemerkt, ein ganz anderer als der Widerstand der Verdrängung. Letzterer geht darauf zurück, daß der neurotische Mensch mit etwas in sich nicht fertig geworden ist und es seinem Selbst nicht mehr zurechnen kann. Wenn das Noch-Nicht-Bewußte sich gegen sein Herausbringen sträubt, so hat das sehr viel weniger mit innerpsychischen Vorgängen zu tun, wie wir noch sehen werden.

Das Noch-Nicht-Bewußte ist immer bezogen auf Noch-Nicht-Gewordenes und also realitätsbezogen. Bei Bloch wird ja nie nur eine Seite des Prozesses betrachtet: Wenn vom Bewußten die Rede ist, wird immer zugleich vom Sein gesprochen und umgekehrt. Bloch sagt, daß das Noch-Nicht-Bewußte die psychische Repräsentanz des Noch-

Nicht-Gewordenen ist. Darum kann Noch-Nicht-Bewußtes nur dann in den Blick treten, und es besteht nur dann die Möglichkeit des Bewußtmachens, wenn die materiellen Umstände dafür reif sind. »Nicht alle Einsichten und Werke sind zu allen Zeiten möglich, die Geschichte hat ihren Fahrplan, oft sind die ihre Zeit transzendierenden Werke nicht einmal intendierbar, geschweige ausführbar. Das pointierte Marx mit dem Satz, daß die Menschheit sich immer nur Aufgaben stellt, die sie lösen kann«[2]. Von da her erhellt, daß auch der Widerstand gegen das Bewußtwerden des Noch-Nicht-Bewußten in der Sache selber liegen muß. Der Widerstand gegen das Noch-Nicht-Bewußte drückt ein Mißverhältnis von Kraft und Willen aus. Man hat zwar den Willen, etwas Neues werden zu lassen, doch fehlt, weil die Umstände noch nicht reif sind, die Kraft dazu. So sagt Bloch: »Leicht beieinander wohnen die Gedanken lediglich als Plan oder als Skizze, aber ein Schritt weiter, und die konkrete Schwierigkeit des Werks beginnt. Bewirkt sie doch auch bei ausreichendem Können, und gerade bei ihm, die vielen zurückgeworfenen Expeditionen im Atelier, im Laboratorium, in der Studierstube, die zahllosen Schlachtfelder ohne Sieg oder mit hinausgeschobenem. Item, gar nichts Verdrängtes, sondern Schwierigkeit des Wegs ist im Noch-Nicht-Bewußten, Noch-Nicht-Gewordenen dasjenige, was der Produktivität zu schaffen macht«[3].

Dennoch geht dem Schaffen von Neuem die geistige Produktion voraus, sie muß nur auf das jeweils Mögliche bezogen sein. Erst wenn sie das ist, entspricht sie dem Begriff des Noch-Nicht-Bewußten bei Bloch. Dieses ist stets und muß stets, um seinen Begriff einzuholen, auf objektiv Mögliches bezogen sein. »Das Noch-Nicht-Bewußte ist so einzig das Vorbewußte des Kommenden, der psychische Geburtsort des Neuen. Und es hält sich vor allem deshalb vorbewußt, weil eben in ihm selber ein noch nicht ganz manifest gewordener, ein aus der Zukunft erst heraufdämmernder Bewußtseinsinhalt vorliegt. Gegebenenfalls sogar ein erst objektiv in der Welt entstehender; so in allen produktiven Zuständen, die mit nie Dagewesenem in Geburt stehen. Dazu ist der Traum nach vorwärts disponiert, damit ist Noch-Nicht-Bewußtes als Bewußtseinsweise eines Anrückenden geladen; das Subjekt wittert hier keinen Kellergeruch, sondern Morgenluft«[4].

Der Entdeckung des Noch-Nicht-Bewußten von Bloch geht die Entdeckung bewußter seelischer Vorgänge überhaupt voraus. Sie liegt erst etwa zweihundert Jahre zurück. In Leibniz' Schrift gegen Locke mit dem Titel *Neue Abhandlungen über den menschlichen Verstand*, die zum ersten Male 1765 erschienen ist, fand es Eingang in die Philosophie[5]. Leibniz wendet sich gegen die Auffassung von Locke, daß aller Erkenntnis die Erfahrung zugrunde liege[6]. Es müsse nämlich gefragt werden, ob tatsächlich alle Wahrheiten von der Erfahrung abhängen oder ob es nicht noch solche gibt, die einen anderen Grund haben. »Die Sinne sind zwar für alle unsere wirklichen Erkenntnisse notwendig, aber doch nicht hinreichend, um uns diese Erkenntnisse in ihrer Gesamtheit zu geben«[7]. Leibniz geht davon aus, daß es unmerklich kleine Etwasse gibt, die sich unserer Wahrnehmung entziehen, die aber dennoch eine Wirkung auf uns haben. Dem liegt die Idee des lückenlosen Weltzusammenhangs zugrunde: Es gibt keine Leerstellen in der Welt. Wo es sie scheinbar doch gibt, sind sie mit dem unmerklich kleinen Etwas besetzt. Dieser Vorstellung verdankt sich die Entdeckung der Differentialrechnung durch Leibniz. Ebenso wie es die kleinsten Bewegungsimpulse in der Physik gibt, gibt es solche kleinsten Impulse für das Heraufrufen von Vorstellungen. Um etwa das Geräusch des Meeres zu hören, muß man die einzelnen Wellen, aus denen dieses Geräusch in seiner Gesamtheit sich zusammensetzt, hören. So muß die Bewegung jeder einzelnen Welle auf »uns irgendeinen Eindruck machen und jedes Einzelgeräusch muß, so gering es auch sein mag, von uns irgendwie aufgefaßt werden, sonst würde man auch von hunderttausend Wellen keinen Eindruck haben, da hunderttausend Nichtse zusammen nicht Etwas ausmachen«[8]. Es gibt also nach Leibniz Einwirkungen auf unser Bewußtsein, die für sich gar nicht wahrnehmbar sind. Leibniz nennt diese kleinsten Wahrnehmungen, die wegen ihrer Schwäche zunächst unbewußt bleiben, unmerkliche Perzeptionen. »Die unmerklichen Perzeptionen sind mit einem Worte in der Geisteslehre (Pneumatik) von ebenso großer Bedeutung, wie es die unmerklichen Körper in der Physik sind; und es ist gleich unvernünftig, die einen wie die andern unter dem Vorwande, daß sie außerhalb des Bereichs unserer Sinne fallen, zu verwerfen«[9].

Ebenso wie mit den unmerklichen Wahrnehmungen verhält es sich auch mit den vergessenen Vorstellungen. Kraft der unmerklichen Perzeptionen erhalten sich im Menschen Spuren seiner früheren Zustände, durch die die Verknüpfung mit seinem gegenwärtigen Zustand hergestellt wird. Diese Spuren sind selbst dann im Menschen enthalten, »wenn sie für das Individuum selber nicht merklich wären, d.h. wenn es keine ausdrückliche Erinnerung mehr an sie besäße«[10]. Aber bei Leibniz ist das Unbewußte nicht nur auf die Vergangenheit bezogen, sondern Vergangenheit, Gegenwart und Zukunft sind eins, wie er es besonders eindringlich in der *Monadologie* zum Ausdruck bringt. Auch in den *Neuen Abhandlungen* ist in dem Zusammenhang notiert: »Ja man kann sagen, daß vermöge dieser kleinen Perzeptionen die Gegenwart mit der Zukunft schwanger und mit der Vergangenheit erfüllt ist, daß alles miteinander zusammenstimmt«[11].

Bei Leibniz ist das Unbewußte sogar stärker auf Zukunft bezogen als auf Rückerinnerung an Vergangenes. Gerade darum stellt sich die Frage, warum dann in der Folgezeit zuerst die Aufmerksamkeit dem Nicht-Mehr-Bewußten galt, das durch Freud und Jung herausgearbeitet wurde. Den entscheidenden historischen Rückschlag nach Leibniz sieht Bloch in der Zeit der Romantik, deren Blick mehr auf die Vergangenheit als auf die Zukunft gerichtet war. »Das Quellen war hier gewiß lebhaft, und Unerhörtes schien darin in Gang zu kommen, aber das Gefühl eines verlorenen Gestern schlug mit einer Kraft dagegen an, die der Sturm und Drang nicht kennen wollte noch konnte. Diese Kraft wurde von dem reaktionären, gegen die bürgerliche Revolution gerichteten Auftrag geliefert, wie er wachsend die deutsche Romantik bestimmte und trotzdem vorhandene unleugbar progressive Züge durchkreuzte. Auf kaum mehr nacherfahrbare Weise war der Romantiker Vergangenem verfallen, und das mit einer lex continui, die – dem reaktionären Auftrag gemäß – in der mondbeglänzten Zaubernacht vorzugsweise nur Ritterburgen ragen ließ«[12]. So ging nach Leibniz die Vorstellung einer Einheit von Vergangenheit und Gegenwart mit der Zukunft wieder verloren; im Zusammenhang damit galt das Interesse mehr dem Nicht-Mehr-Bewußten als dem Noch-Nicht-Bewußten. Dementgegen hatte Leibniz noch gesagt: »Es bildet eines der Gesetze meines Systems der allgemeinen Harmonie, daß die Gegenwart die Zukunft in sich enthält, und daß der Alles Sehende auch in dem Seienden das Werdende erblickt«[13]. Der Antrieb zu einer Veränderung resultiert aus dem Prinzip innerhalb der Monaden, der einfachsten Substanzen, aus der alle Substanzen zusammengesetzt sind, nämlich aus dem Begehren, immer vollständiger zu werden[14]. Gerade an dieser Stelle fällt die Verwandtschaft der Blochschen Philosophie mit der von Leibniz auf.

Wenden wir uns wieder der Explikation des Noch-Nicht-Bewußten bei Bloch zu. Es ist der psychische Geburtsort des Neuen, wenn auch nicht in einem autonomen innerlichen Vorgang. Auseinandersetzung mit der Realität wird vorausgesetzt. Lebensgeschichtlich prägt sich das Vorbewußtsein eines Kommenden besonders in der Jugend aus, die zu einem vielleicht sogar überwiegenden Teil aus noch nicht bewußten, oft träumerischen Zuständen besteht. Sich an seine eigene Jugend erinnernd, schreibt Bloch über das wachsende Interesse an den entfernteren Dingen: »Ich hielt mich an die Luftballons auf der Messe, welche grade doch gar nicht schwer sind. Im Gegenteil, sie steigen in die Höhe, und zwar, läßt man sie los, solange, bis die Luft um sie her so dünn ist wie das Gas innen. Und desto mehr streben sie in die Höhe, je weiter sie von diesem Punkt entfernt sind«[15]. Wenig später deutet sich für ihn an, daß alles Bewußtsein materiellen Ursprungs ist: »In den Kaiserpanoramen, die es damals noch gab, brauchte man nur unter den Vorhang zu sehen, der vor den Füßen hing: dahinter war ein leerer Raum, mit einem Wirtshausstuhl in der Mitte, auf dem stand ein lächerlich kleiner, doch höchst exakter Apparat, der die scheinenden Bilder von Hammerfest oder dem heiligen Grab erst warf. Maschine, Materie waren folglich des Pudels Kern«[16]. Mit siebzehn Jahren schreibt er in ein Manuskript folgende Bemerkung, die andeutet, daß es einen Prozeß gibt, der nach der Aufhebung der Selbständigkeit von Subjekt und Objekt strebt: »Unser Blut muß werden wie der Fluß, unser Fleisch wie die Erde, unsere Knochen wie die Felsen, unser Gehirn wie die Wolken, unser Auge wie die Sonne«[17].

Was lebensgeschichtlich die Jugend auszeichnen kann, gilt gesellschaftlich für Zeiten des Umbruchs. »Zeitwende« steht bei Bloch für starke politische und kulturelle Anstöße, die in besonderem Maße Ahnung, Erwartung und »Phantasie des objektiv Möglichen« beflügeln können. Sie geben dem Noch-Nicht-Bewußten seine geschichtliche Dimension; das Dunkel im Jetzt lichtet sich zu Aufbruchsstimmung und Entwürfen eines besseren Lebens. Entwicklungstendenzen, die lange im Verborgenen lagen, treten zutage und lassen sich formulieren und gestalten.

Die geistige Produktivität, die den Vorgriff auf das Neue herausarbeitet und klarer werden läßt, gliedert Bloch in drei Stadien des Vermögens, die Ränder des Bewußtseins auszuweiten: Inkubation, Inspiration und Explikation. In der Inkubation, einem Zustand relativer Dunkelheit, wird zunächst nur der Anstoß des Nicht wahrgenommen, ein Ungenügen empfunden und auf das Gesuchte ungefähr gezielt, das sich vorerst nebelhaft in der Ferne abzeichnet. Hierzu gehören die Aussageformen des Meinens und Vermutens. Dieser Zeit der Inkubation, des heftigen Meinens, folgt dann irgendwann die plötzliche, blitzhafte, jähe Klärung, die als Inspiration bezeichnet wird. »Die Lösung taucht mit einem Sprungprozeß auf, scheinbar so unvermittelt, das heißt ohne Bewußtsein der lange gärenden Inkubationszeit, daß die Inspiration, neben dem Glücksgefühl der Befreiung, leicht eben das Wundergefühl eines magischen Geschenks mit sich führt, vielmehr mit sich geführt hat«[18]. Aber die Inspiration kommt natürlich nicht, das wäre der Blochschen Philosophie fremd, allein aus dem Bewußtsein, das plötzlich unvermittelt einen blitzartigen Gedanken faßt, sondern sie ist immer auf ein erkenntnismäßiges Zusammentreffen von Subjekt und Objekt zurückzuführen. Das Bewußtsein denkt dann die Tendenz, die objektiv da ist. Es müssen objektive Bedingungen vorhanden sein, die es möglich machen, daß es überhaupt eine Inspiration geben kann. »Und diese Bedingungen sind allemal ökonomisch-soziale progressiver Art: ohne kapitalistischen Auftrag hätte der subjektive Auftrag zum Cogito ergo sum nie seine Inspiration gefunden; ohne beginnend proletarischen Auftrag wäre die Erkenntnis der materialistischen Dialektik unfindbar gewesen oder ein bloßes brütendes Aperçu geblieben und auch nicht als Blitz in den nicht mehr naiven Volksboden eingeschlagen. Item, der Durchbruch, der oft plötzliche gewaltige Lichtschlag im genialen Individuum gewinnt sowohl das Material, an dem er sich entzündet, wie das Material, das er beleuchtet, einzig aus dem zum Gedanken drängenden Novum des Zeitinhalts selbst. Das ist, wohlverstanden, noch dann der Fall, wenn, wie so oft, die Rezeptivität einer Zeit nicht selber auf der Höhe dieser Zeit, gar ihrer Weiterungen, ihrer fortwirkenden Tendenzen und Latenzen steht. Auch dann kommt die Inspiration aus dem Auftrag der Zeit, der im genialen Individuum sich vernimmt und im Einklang mit dessen Anlage sich auslegt, mit dessen Potenz sich potenziert«[19].

Der Inspiration folgt das dritte Stadium der geistigen Produktion, das Stadium der Explikation. Der Ausspruch »Genie ist Fleiß« paßt genau hierher. Wer eine Inspiration hatte, muß diesen Gedanken weiter ausarbeiten, um ihn für sich und andere weiter zu klären und damit im Realen wirksam werden zu lassen. Bloch selber führte seine Inspiration in dem Grundgedanken aus, von dem im zweiten Kapitel die Rede war. Um diesen Grundgedanken herum legen sich all seine späteren Werke wie konzentrische Kreise um einen Systemmittelpunkt[20]. Sie sind immer neue Explikationen seiner Inspiration. Daß dies auf das Blochsche Werk in besonderer Weise zutrifft, illustriert der Vergleich seines ersten Hauptwerkes *Geist der Utopie* (1918) mit seinem Gesamtwerk. In *Geist der Utopie* sind zwar die Grundgedanken schon ausgeführt, doch werden sie dem Leser besser verständlich durch Kenntnis seiner späteren Werke. Bloch breitet dort das Material aus, das ihm im Laufe der Jahre begegnet ist, und versucht es im Sinne seiner Inspiration zu explizieren. Das Gesamtwerk wird bei ihm zu einer fortschreitenden Klärung des Grundgedankens. Oder anders ausgedrückt, schon bezogen auf den Grundgedanken selbst: »Gewinnung des Werks wird also zu einer forttreibenden Annäherung an das zu enthüllende Was des Daß«[21].

Damit sind die drei Stadien der Produktivität und ihr Ursprung in jenem Teil des Unbewußten, den Bloch als Noch-Nicht-Bewußtes aufzeigt, beschrieben. Nachzutragen bliebe noch, daß es Bloch gelungen ist, eine fruchtbare Verbindung zwischen Marxismus und Psychoanalyse herzustellen, die so oft vergeblich versucht worden ist und noch versucht wird. Wenn man die Psychoanalyse als die Theorie des Unbewußten bezeichnet, dann müßte in ihr auch die Möglichkeit liegen, die Tendenzen nach vorwärts aufzuspüren, die Tendenzen in dem längst vergessenen Bewußtsein, das nach vorne strebt, dessen Inhalte aber nie verwirklicht worden sind. Mit den Worten von Bloch: »Erst der Marxismus vor allem hat einen Begriff des Wissens in die Welt gebracht, der nicht mehr wesentlich auf Gewordenheit bezogen ist, sondern auf die Tendenz des Heraufkommenden; so bringt er erstmalig Zukunft in den theoretisch-praktischen Griff. Solche Tendenzkenntnis ist notwendig, um sogar noch das Nicht-Mehr-Bewußte und das Gewordene nach seiner möglichen Fortbedeutung, das heißt, Unabgegoltenheit, zu erinnern, zu interpretieren, aufzuschließen. Der Marxismus hat derart ebenso den rationellen Kern der Utopie herübergerettet und ins Konkrete gebracht wie den der noch idealistischen Tendenz-Dialektik«[22].

Es fragt sich nun abschließend, wo das Noch-Nicht-Bewußte seinen Ausdruck gefunden hat. Bloch weist die nach vorn weisenden Gedanken besonders eindrucksvoll in der Kunst nach. Kunstwerke sind »ruhelose Modellbildungen des noch ausstehenden Rechten« oder auch »hochengagierte Proben aufs kommende wirklich politische Exempel«[23]. In den Kunstwerken findet sich ein utopischer Überschuß über die bloße Ideologie einer jeden Zeit. Er bewirkt, daß neben dem falschen Bewußtsein, das das gesellschaftliche Sein nur bestätigt, sich ein Bewußtsein bilden kann, das die jeweilige Zeit utopisch überholt. In den großen Kunstwerken einer Zeit finden wir sowohl ihre Ideologie enthalten wie auch die Utopie, die die Zeit aufreißt. Das, was der Künstler vermißt, treibt ihn dazu, es in der Kunst darzustellen. Zwar bleibt die Hauptfunktion der Kunstwerke, Ideologie zu reproduzieren und zu verstärken, aber auch und daneben sind sie das bevorzugte Medium, das, was an der Zeit vermißt wird, darzustellen, bewußt zu machen.

Auch in Archetypen, Allegorien und Symbolen entdeckt Bloch utopische Bedeutungen. Archetypen sind im Gegensatz zu der Auffassung von C.G. Jung nicht seit alters unveränderlich, sondern in jeder historischen Epoche immer wieder neue Gestalten mit utopischem Sinn für das in der Zeit liegende, über sie hinausweisende. Eng verwandt sind den Archetypen die Allegorien und Symbole. Auch sie weisen auf das Utopische hin, das in jeder Zeit liegt. Die Allegorie kommt »schon von Haus aus kunsthaft her, nämlich vom Gleichnis, und ihr Wesen ist das gleichsam durch verschiedene Zeiten und Gegenstände recochettierende eadem sed aliter, aliter sed eadem, kraft Analogie; sie gründet sich eben und immer wieder auf die quer sich hindurchschickenden Entsprechungen in der Welt. Dergestalt ist die Allegorie nicht nur zweideutig oder bloßes Banalbild von Begriffen, etwa ein Manns-bild als der Handel, ein Weibs-bild als die Industrie, wie ja Allegorisches im neunzehnten Jahrhundert verstanden wurde und so Bankportale schmückte, gegen welches Unverständnis zum ersten Mal seit langer Zeit Benjamin im ›Ursprung des Deutschen Trauerspiels‹ auf den echten Allegoriebegriff der Barockallegorie hinwies. Die Allegorie ist danach als mehrdeutige umkreisend und deshalb enthält sie lauter Archetypen der Vergänglichkeit, deren Bedeutung allemal auf Alteritas geht, zum Unterschied vom Symbol, das durchgehend der Unitas eines Sinns zugeordnet bleibt«[24]. Gerade wegen der Alteritas, gerade wegen der beiden Möglichkeiten, die im Kunstwerk und in der Allegorie liegen, ist es notwendig, in beiden die utopischen Gehalte aufzuspüren und ins Bewußtsein zu rücken. »Hier beginnt deshalb wieder ein Scheiden, damit die echten Freunde sich erkennen und beieinander bleiben. Nur der utopische

Blick kann dies ihm Wahlverwandte finden, daran hat er, statt des kahlen kapitalistischen Ornamentmords auch im Denken, ein wichtiges Amt«[25].

Dem Denken ebenso zugehörig wie die denkende Produktion, von der hier die Rede war, sind die Kategorien. Diese stellen im Denken zunächst die allgemeinsten Beziehungsbegriffe dar, in Übereinstimmung mit den allgemeinsten Daseinsformen und in Einklang mit der objektiven Tendenz. Von den Kategorien, so wie Bloch sie versteht, wird darum im nächsten Kapitel die Rede sein.

5. Die Kategorien

Blochs Kategorien unterscheiden sich grundsätzlich von den philosophiegeschichtlich überlieferten. Sie schließen eng an den Grundgedanken seiner Philosophie an, sie sind auf das unfertige Sein bezogen, bringen die objektive Tendenz auf den Begriff. Um über den Werdensprozeß Aussagen machen zu können, reichen die hergebrachten Kategorien nicht hin. Die Kategorien der Blochschen Philosophie können weder statisch noch erfahrungsunabhängig sein, sondern sie müssen dem Fluß des realen Prozesses entsprechen. »Die Kategorien sind als die eines Prozesses selber im Prozeß; fest steht nur, daß sie Beziehungen eines Daß auf ein Was sind«[1], und daß sie »durch ihre ganze Reihe hindurch auf der Urkategorie der Relation zwischen Daß und Was in der objektiv-realen und nur in dieser Welt« begründet sind[2]. Im Vorhandenen zeigen sie, worauf es sich versuchend bezieht; sie geben die Tendenz auf ein Sein an, das noch nicht ist. Ihre Offenheit für das Werdende bedeutet allerdings, daß sie die Wirklichkeit nicht nur im Fluß, sondern auch in den Gestalten, die er hervorbringt, erfassen. Der Fluß des Geschehens würde »über seine Sache siegen, wenn sein endloses Anliegen aus lauter Elan das Anlegen in kategorialen Häfen übersieht«[3].

Dabei sind die Blochschen Kategorien nicht auf die Funktion des Begreifens und Erkennens beschränkt, sondern produktiv an der Entstehung neuer Daseinsformen beteiligt. Sie nehmen die materiellen Anstöße des Geschehens auf und geben sie vermittelt, d.h. tendenzkundig und zielgerichtet in den Prozeß zurück. Bloch schreibt ihnen deshalb die Funktion des »begreifenden Eingreifens« zu, was einer Auflösung der Gegensätze von Subjekt-Objekt und von Theorie-Praxis gleichkommt. Der Begriff bleibt nicht in reflexivem Abstand zur Sache; über seinen Wahrheitsgehalt entscheidet die Brücke zwischen Subjekt und Objekt, die in beiden gleichermaßen entspringt. »Derart können sich vom Streben und Hungern des Nicht her, das es bei sich nicht aushält und so zu seinen Äußerungen treibt, die aufeinander zugeordneten Intentionen im Subjekt und die Tendenzen im Objekt entsprechen, die utopische Funktion im Menschen und die Latenz in der Welt. ... Allerdings ist ... diese Zuordnung so wenig glatt, daß ja allererst der Eingriff des prozeßhaft orientierten subjektiven Faktors nötig wird«[4]. Die Fortbildung der Welt geschieht nur kraft der Frontstellung, in der sich der Mensch befindet, in der er objektiv-real zu erkennen und einzugreifen vermag. Das Weltexperiment braucht »gerade den bewußt erkennenden, an der Front des Weltprozesses stehenden Menschen als informierenden und fortbildenden. ... Kategorialbildungen sind also bei aller historisch-gesellschaftlichen Bedingtheit nicht auf sie ausschließlich reduzierbar, sondern sie sind noch ungelungene, offen fortlaufende Versuche, die Daseinsweisen und Daseinsformen objektiv-real herauszubringen, heraufzubringen«[5].

Blochs Kategorien sind allgemeine Aussagen über den noch offenen Weltprozeß, über seine nach vorn weisenden Tendenzen. Wenn in diesem Zusammenhang vom Allgemeinen die Rede ist, so ist das nicht im Sinne des Gegensatzpaares Allgemeines-Besonderes zu verstehen, wie wir es aus hergebrachten deduktiven Denkmustern kennen: daß die Allgemeinbegriffe vom menschlichen Geist geschaffen und die Besonderheiten, die Einzelheiten, die im Realen vorkommen, unter diese Allgemeinbegriffe subsumiert werden. Es werden also bei ihm nicht die Einzelheiten wie die Wäsche in den Wäscheschrank eingeräumt und die, die nicht passen wollen, als uneinräumbare Ausnahmen abgetan. Die Veränderungen, die in den Besonderheiten vorgehen, finden Beachtung.

Für die Verhältnisbestimmung von Allgemeinheit und Besonderheit beruft Bloch sich ausdrücklich auf Leibniz. Bei Leibniz liegt das Allgemeine nicht vor oder außerhalb der Einzelheiten, sondern es liegt im Einzelnen. Es gibt bei Leibniz nicht zwei Dinge, die einander gleich und nur ihrer Zahl nach verschieden wären. Damit ist für Leibniz logisch jedes Einzelne auch sich selbst das Allgemeine. Die Einzelheiten (bei Leibniz Monaden) sind aber dadurch verknüpft, daß sie unendlich verschiedene Spiegelungen des Universums darstellen und repräsentieren. Um das bildlich deutlich zu machen, kann man sich ein Gesicht in vielen Spiegeln eines Spiegelsaals vorstellen. Von diesem einen Gesicht werden dann viele verschiedene Bilder erscheinen. Die Veränderung der Einzelnen in ihrer Gesamtheit sind in diesem Sinne Momente der sich umwälzenden Gesamtgesellschaft.

Für die allgemeine Aussage der Kategorie folgt daraus: »Die Aussage des Besonderen durch ein Allgemeines, des Allgemeinen als sich zutragend, durchsetzend, ausprägend, — diese selber gesammelte Einsammlung des vielen Etwas in sein jeweiliges Was eröffnet das Kategoriale. Die Kategorien stellen sich im Denken zunächst als die jeweils allgemeinsten Beziehungsbegriffe dar; als solche spiegeln sie die jeweils allgemeinsten Daseinsweisen, Daseinsformen der sich bewegenden Etwas. ... Daß aber zwischen Daß und Was überhaupt bezogen werden kann: diese Beziehung ist selber die Grundkategorie, und alle anderen führen sie nur aus«[6]. An diesem schwierigen, weil ungewohnten Gedankengang bleibt festzuhalten, daß die Grundkategorie die Beziehung zwischen Daß und Was ist.

Bloch teilt die Kategorien ein »in sieben Stadien der theoretisch-praktischen Wegfindung. ... Eben als logisches Prädizieren, Dimensionieren in Zeit und Raum, Objektivieren in kausal-finalen Transmissionskategorien, Manifestieren in Gestaltkategorien, Kommunizieren in Gebietskategorien, schließlich als substantielles Identifizieren, allerletzt als Realisieren des Realisierenden selber«[7].

Wir wollen uns ansehen, was darunter zu verstehen ist. Zunächst das logische Prädizieren. Das unmittelbare Nahe ist dunkel und darum nicht erkennbar. Das Nicht hält es bei sich nicht aus, sondern in ihm ist der Trieb, der es auf Etwas bezieht und Etwas immer wieder zu seinem Was herausbringt. So kann es gedacht und prädiziert werden. Die Beziehung von Nicht-Da zu Da-sein »ist zwar keinesfalls selber Denken, aber sie ist als Vermittlung zwischen Daß und Etwas, Etwas und seinem Was, wozu das viele Etwas wesentlich gehört, auf logische Art formierend und so nachdenkbar. Die letztere Beziehung geht mithin derart vor sich, daß ein wesentliches, also allgemeineres Was sich in den vielen Etwas als besonders zuträgt. Die sinnvolle Aussage ist stets darauf gezielt, zu sagen, was etwas ist; so bezeugt die Aussage eine Beziehung zwischen jeweils vielem Etwas und seinem jeweilig allgemein umgreifenden Was«[8]. Um solcherart prädizieren zu können, hilft keine der hergebrachten Erkenntnistheorien, weder die Abbildtheorie, noch die Erzeugungslehre. Zwar kommt die Abbildlehre in ihren Anfängen bei der Stoa und bei Parmenides dem materialistischen Denken näher als die Erzeugungslehre, deren Produkte dem menschlichen Geist entspringen; doch ist die Tendenz der Abbildlehre nicht zu verkennen, in ihr idealistisches Gegenteil umschlagen zu können, beispielsweise in Platons Ideenhimmel. Dagegen verweist die Erzeugungslehre wiederum auf die Produktivität der menschlichen Arbeit, und sie tendiert somit zu ihrem materiellen Gegenteil. Davon gibt schon Vico Zeugnis oder auch Hegel. Die Erzeugungslehre hat also nicht die Tendenz wie die Abbildlehre, Ideen etwa als Urbilder am himmlischen Ort zu suchen, sondern sie führt zum Materialismus, »nämlich zu einem historischen, aber nur, indem Erzeugungs- und Abbildlehre nicht isoliert nebeneinander stehen, sondern indem die Erzeugungslehre in die Abbildlehre eindringt, wie letztere kraft dieses Eindringens zum Inbegriff einer Fortbildlehre sich erweitert«[9]. Dieser Fortbildlehre bedient sich der Mensch, der an der Front des Weltprozesses steht, um die nach vorn weisenden Inhalte im Bewußtsein auszubilden, indem er die Bedingungen der Möglichkeit für ein Fortbilden erkennt und das fortbildende Denken auf die Latenz in der Welt aufbringt.

Die Begriffsbildung eines solchen Denkens ist nicht nach den Gesetzen der klassischen Logik zu vollziehen. Es gibt hierbei keine Begriffe, die nicht verändert werden dürfen wie in der Abfolge: Begriff-Urteil-Schluß. Da das Sein in Bewegung ist, müssen auch die allgemeinen Aussagen über die Daseinsweise in Bewegung sein. Es müssen Begriffe »in statu nascendi« gefunden werden. Solche stehen aber nicht am Anfang der Urteilsbildung, sondern bei Bloch vollzieht sich die Folge so: Ergriff-Urteil-Begriff-Schluß. Wie das zu verstehen ist, macht er an einem Beispiel deutlich. »Sagen wir: Es regnet, so wird dieses Es noch nicht prädiziert durch Regen, während andererseits freilich, wenn wir impersonal so beginnen: Es ist ein Schrank, dann läßt sich bereits sagen: Es ist als Schrank bestimmt. Beide Es haben nicht das mindeste miteinander gemein, doch gerade, weil sie einen noch gänzlich unbestimmten bloßen ›Ergriff‹ gleichmäßig darstellen, stehen sie gleichmäßig undifferenziert am Anfang des Urteilens selber. Ergriffe stehen logisch vor dem Urteil, sind eine Vorstufe zu dem bestimmten Subjekt, das im Prädikat begriffen wird: Ergriffe werden im Prädizieren ihrer zu Begriffen bestimmt. Das noch unbestimmte, aber zu bestimmende Es, nämlich der Ergriff, ist noch in jedem logischen Subjekt enthalten, und das Urteil ist dazu da, es prädikativ zum Begriff zu bestimmen. Das Es hält hierbei formal den Platz für das einfache und doch so wenig einfache Daß dafür, daß es überhaupt etwas zu bestimmen gibt. Dieses Bestimmen ist Urteilen als Verknüpfung des zu bestimmenden Subjekts durch die Kopula mit dem bestimmenden Prädikat. Derart eben setzt Urteilen Ergriffe voraus, um sie so erst prädizierend, präzis zu Begriffen zu bilden«[10].

Die Dimensionen für die Herausbildung des Seins sind Raum und Zeit, aber nicht im hergebrachten Sinne. Das Jetzt, in dem das Noch-Nicht-Sein steht, ist nicht dem Begriff der Gegenwart gleichzusetzen, sondern Jetzt enthält Vergangenheit und Zukunft. So versteht auch Marx die Dimensionierung der Daseinsformen; ihre Gewordenheit und ihre Vergänglichkeit sind an ihnen erkennbar. Weil sich das für Marx auch in seinen Begriffen ausdrücken muß, gibt es für ihn keine Trennung von »Logischem« und »Historischem«. Darin stimmt Bloch mit Marx völlig überein. Die Daseinsformen sind nicht empirisch verkürzt, sondern historisch zu verstehen. Daraus ergibt sich Blochs Auffassung von der Zeit. »Der Begriff der Uhrzeit, der metronomisch gleichförmigen, entstammt dem Tauschwertdenken, das alles qualitativ noch so Verschiedene in eine nur quantitativ kennzeichnende Preisreihe einebnet«[11]. Zeit ist also nicht wie eine lange Röhre, in der die Geschichte sich nach und nach voranschiebt: Eins folgt dem anderen. Für Bloch ist die Zeit nirgends ein »abstraktes Schema der Veränderung, sondern deren konkret-elastisches Wegfeld, sich mit der Art und dem Inhalt der Veränderung selber ändernd«[12].

Ebenso ist der Raum nicht wie ein großer Behälter oder wie etwas »Kofferhaftes« vorzustellen, in dem sich die Geschichte abspielt, so wie sich der Fisch im Zuber bewegt, aber »über den starren Rahmen nicht hinaus« kommt[13]. Am ehesten paßt der Riemannsche Raum in das System von Bloch, als Raum, in dem sich das Sein bildet. »Ein vierdimensionaler Riemannscher Raum liegt der allgemeinen Relativitätstheorie zugrunde, der nirgends mehr metrische Starre zeigt, sondern, nach Einsteins Ausdruck, ›nachgiebig ist wie ein Mollusk‹. Nachgiebig gegenüber dem wechselvollen materiellen Geschehen, determiniert besonders von der Gravitation, welche den Massen die geometrischen Verhältnisse ihres Raumes erst bestimmt, ihnen erst das ›Führungsfeld‹ verschafft. Hier also weicht eine Raumart von der euklidischen unserer Anschauungswelt geradezu extrem ab, jeden in ihr gewohnten Aufenthalt vernichtend. Solche Raumart hat variable Metrik, das heißt, das metrische Feld ist nicht ein für allemal gegeben, sondern es steht in kausaler Abhängigkeit von der Materie und verändert sich mit ihr«[14].

Aber auch, um einen Begriff aus dem letzten Satz aufzunehmen, Kausalität im Sinne der klassischen Mechanik ist nicht zu vereinbaren mit einem offenen System. Bei Bloch ist nie von einem Gesetz die Rede, das sich mit eherner Notwendigkeit durchsetzt, wenn auch von einer Tendenz, die aber durchaus noch unentschieden und offen ist. In diesem Sinne gibt es keine feststehende Ursache, die die Wirkung hervorbringt, wie etwa bei Kautsky die ökonomische Ursache für die Wirkung »geschichtlicher Ablauf«. Gesetzmäßiger Ablauf würde bedeuten, daß in der Ursache die Wirkung schon enthalten ist und notwendig folgen muß. Solche Auffassung hat z. B. in der Geschichte der Arbeiterbewegung zum Glauben an die Notwendigkeit des Sozialismus geführt. Zwar müssen alle Bedingungen stimmen, damit zukünftig Neues eintreten kann; Bedingung ist aber nicht die Ursache für notwendige Wirkung. Darum kann, wenn alle Bedingungen erfüllt sind, die erwartete Wirkung eintreten — aber nicht notwendigerweise. Bezogen auf den Grundgedanken bei Bloch heißt das: Das Neue kann, muß aber nicht herausgebracht werden; der Prozeß kann zum Guten kommen, aber auch im Nichts enden. Das Alles aber, der Gegensatz zum Nichts, »west seinem Begriffssinn nach selber noch ausschließlich in Möglichkeit, folglich in einem noch nicht unwiderruflich Ausdeterminierten, einem noch schwebend partial-Bedingten«[15].

Zwischen den Bedingungen und der Wirkung besteht eine kausale Verknüpfung, aber nicht im hergebrachten Sinne, in dem Kausalität keine Wechselwirkung zwischen Ursache und Wirkung beinhaltet. Kausalität wird darum von Bloch neu definiert: »Erst die Dialektik, mit dem Grund nicht als ratio von vornherein, sondern als intensiver Daßheit, mit der Folge nicht als automatischer Unweigerlichkeit schlechthin, sondern als wendungsfähigem, wendungsreichem, wenngleich geordnetem Prozeß, macht den Kausalsatz aus einem a priori analytischen und zu einem a posteriori erweiternden, synthetischen. Und sie nimmt ihn zugleich nach dem, was er entwickelt wert ist, in sich auf: als Wechselwirkung, als Kausalität der Widersprüche, als Agens-Agendum utopischer Ur-Sache«[16].

Das nächste der sieben Stadien, die Bloch nennt, heißt »Manifestieren in Gestaltkategorien«. Wir haben gesehen, daß die Kategorien nur bezogen auf das sich herausprozessierende Sein im Blochschen Sinne richtig zu verstehen sind. »Erst durch solchen Realbezug können Kategorien Modellbildungen objektiver Art ausdrücken, indem sie im Prozeß der Daseinsformen stehen, ihnen vorausgreifen und sie fördern. Sie bilden also in ihrer Figurforschung des Objekthaften nicht nur ab, sondern bilden fortschreitend objektiv sich selber weiter. Gemäß und im Bündnis mit periodisch nicht zerstückeltem und beschränktem, sondern gerade gesamthistorisch vermittelndem Gestaltwandel der Kategorien als Daseinsformen der Prozeßwelt. Das schließt nun das Mißverständnis der Kategorien als ruhender Gestalten endgültig aus; je inhaltlicher gerade Kategorien werden und sich aussagen, desto dialektischer sagen sie sich als Auszugsgestalten ihrer selbst aus«[17].

Das Neue muß nun auch in Maßen ausgedrückt werden können. Alles, was neu produziert wird, kann sich in Produkten ausweisen. Wie sollen die aber gemessen oder gezählt werden? Jedes neu Herausgebrachte ist anders als das, was schon war, läßt sich also nicht quantitativ mit solchem vergleichen. Genau wie Kategorien selber keine ruhenden Gestalten sind, können auch die neu herausgebrachten Gestalten nicht einfach mit anderen Gestalten quantitativ verglichen werden. Wäre nur die Messung im physikalischen Sinne möglich, dann könnte man nur mehr oder weniger von qualitativ Gleichem messen, »ohne ein veränderndes Werden und Umgestalten inhaltlicher Art«[18] In Prozeßkategorien muß ein anderes Messen möglich sein, das nicht von außen an die Sache herangetragen wird. Der Maßstab kann nur aus der Sache selbst kommen. Ein solcher Maßstab würde zwar auch ein Mehr oder Weniger messen, aber ein Mehr oder Weniger, das qualitativ bestimmt ist. Er könnte nicht ebenso an andere Sachen angelegt werden, sondern wäre auf eine einzige geeicht. »Hier geht es um reflektierte Parteilichkeit für Veränderung und Ausrichtung der Welt-Geschichte auf humane Ziele, auf Beförderung jeder objektiven Tendenz daraufhin. Es geht also um Maße, die sich nicht am bloß Tatsächlichen orientieren, die sich gegebenenfalls gegen das bloß Tatsächliche wenden, derart Tatsachen, sofern sie verdinglichte Prozeßmomente sind, zum Verschwinden bringen wollen. Im Einklang mit der objektiven Tendenz, heißt nach Maßgabe des objektiv-real Möglichen und seines noch ungekommenen, aber auch unvereitelten Plus übers unwahr Vorhandene. Nur solchen Sinns haben alle sich offen haltenden Kategorien ein Maß und sind maßbestimmend für das Besondere, das sie erfassen, indem sie unruhig sind, nicht nur mit dem durch sie Gemessenen unzufrieden, sondern gerade auch mit ihrer erlangten Kategorialgestalt selber. ... Darum eben sind alle Gestaltkategorien als manifestierende ebenso Auszugsgestalten aus sich, Maße eines Novum, die sich kreativ selber — bei aller Invariante der Richtung — dialektisch verwandeln«[19].

Unter Gebietskategorien — als nächste in der Folge — versteht Bloch etwas über alle geschichtlichen Epochen Übergreifendes. Als Beispiel sei hier die Gebietskategorie

Mensch herausgegriffen. Der Mensch läßt sich nicht in der Weise über alle Perioden übergreifend bestimmen, daß man von ihm immer gültige Aussagen machen könnte; etwa der Art, wie der Volksmund sagt, der Mensch sei von Natur gut oder von Natur aggressiv — wobei man als gleichgültig setzt, was die Aggression verursacht und ob sie Notwehr gegen unerträgliche Herrschaftsverhältnisse oder Ausübung von Herrschaft ist. Der Mensch ist ebensowenig in allen Exemplaren seiner Gattung auf einen Nenner zu bringen, wie er geschichtlich immer gleich geblieben wäre. Was wir scheinbar unterschiedslos unter einen Begriff zu fassen vermögen, verändert sich ständig. Der Mensch ist noch unfertig, er ist »nicht dicht«, wie Bloch im *Prinzip Hoffnung* so schön sagt. Was der menschliche, also fertige Mensch ist, läßt sich noch nicht mit Gewißheit ausmachen. Gewiß ist nur, was unmenschlich ist — etwa in einem Herr-Knecht-Verhältnis zu leben. Das Unmenschliche läßt sich durchschauen und überwinden, »und wenn es die Umstände sind, die den Menschen bilden, so bedeutet das eben nicht, daß man dabei anhalten und sich beruhigen könnte«[20].

Für Bloch gibt es überhaupt nur ein Prinzip jeglicher Veränderung, das zwar seinen jeweils historisch bezogenen Ausdruck findet, aber in allen Gebietskategorien gleich bleibt und sich nicht relativieren läßt. Auch mit dieser Auffassung steht er im Gegensatz zur philosophischen Tradition. Für Bloch ist das Prinzip »nicht etwa keine Kategorie, sondern die schlechthinnig Richtung gebende Zentralkategorie des uns aufgegebenen Identischseins. Weiter: Die Zentralkategorie Prinzip als Gebietskategorie des Nicht-Gebietshaften schlägt durch alle Gebiete hindurch und stellt überall die Invariante der einen, grundsätzlichen, unnachlaßlichen Richtung dar; wodurch allerdings ein letzthinniger Plural der Prinzipien kämpferisch abgelehnt ist. Nur historisch auftretende, sich variierende und wieder verschwindende, derart relativ und vorläufig gemachte Prinzipien sind letzten Endes keine; es gibt letzthin keine Treue zum Prinzip auf Zeit, nach Maßgabe der Umstände«[21]. Dieses eine Prinzip ist das Hoffnungsprinzip. Die Hoffnung ist darauf gerichtet, das Noch-Nicht-Sein zum Sein bringen zu können. Diese Hoffnung hält sich überall durch, in allen Gebietskategorien.

Das »uns aufgegebene Identischsein« ist bei Bloch anders zu verstehen als der Satz der Identität im Sinne der klassischen Logik. Gemeint ist nicht, daß sich Subjekt und Objekt identisch werden, so wie sie jetzt bestehen. Subjekt und Objekt verändern sich, wie an der Ontologie des Noch-Nicht-Seins deutlich geworden ist. »Substantielles Identifizieren« als nächstes der sieben Stadien der Wegfindung bedeutet, daß eine Identität noch nicht gedacht werden kann. Was es gibt und was darum auch nur gedacht werden kann, sind Identifizierungsversuche von Daß und Was, von quod und quid. Der Satz der Identität verweist darum letztlich auf eine noch kommende Identität, er verweist »auf den Horizont möglicher letzthinniger Identifizierung, die real-utopische Herausbringung der Daß-Was-Relation wäre, im letzten kategorialen Was des intensiven Daß«[22].

Es stellt sich hier abschließend die Frage, wie das soweit skizzierte Programm zu realisieren ist. Kategoriales Denken ist nicht passiv, verharrt nicht in Abbildung und Reflexion, sondern greift aktiv in den Weltprozeß ein. Bei der Theoriebildung stehenzubleiben, das widerspräche den Intentionen Blochs und der seiner Philosophie immanenten praktischen Seite. Bloch zeigt, daß sich der Gegensatz von Theorie und Praxis, von Denken und Sein zunehmend aufheben muß. »Auf das Tun und sein Gelingen verweist letzthin jedes richtig Gedachte, eigentlich Wahre. So hat das genaue kategoriale Denken seiner zwar das erste und auf langhin das zeitgemäße wie allemal räumende Wort, aber auftragsgemäß nicht das letzte, als welches Handeln heißt, Verändern. Kein Verändern aber geschieht ohne Begriff, dieser ist der Generalstab gerade der Umwälzung und also der möglichen Ankunft, damit sie nicht woanders ankomme als in dem Meinen des Rechten gemeint«[23].

Wir haben gesehen, daß Theorie bei Bloch nur denkbar ist im ständigen Wechselverhältnis mit der Praxis. Es gibt kein einseitiges kausales Verhältnis, das bei ihm in diesem Sinne ohnehin nicht mehr vorkommt, sondern nur ein tätiges Durchdringen beider. So kann Praxis im Zusammenhang mit der objektiven Tendenz stehen, die mit Hilfe der Fortbildlehre erkannt wird. Praxis ist darum zweckmäßiges und mit der Tendenz übereinstimmendes Handeln. Diesen Prozeß des Durchdringens von tätiger Veränderung und theoretischer Bestimmung stellt Bloch zusammenfassend so dar: »Gelingende Praxis enthält eben im immer erneut Insistierenden des Daß den Durchbruch eines nicht nur zu Bestimmenden, sondern eines zu Verwirklichenden. Worin über das Was des Daß schon ausgesprochen ist, daß es kein vorhanden Wirkliches darstellt, wie es der menschlichen Erkenntnis nur Bestimmung aufgibt. Vielmehr ist es noch erst herausbringbar, muß erst bestimmt herausgeschafft werden, damit es ein nun vollständig zu Bestimmendes sei. Dieses reale Herausbringen ist auf tendenzielle Möglichkeiten seiner in der vorhandenen Realität angewiesen, auf objektiv-reale Möglichkeiten, die ihrerseits in den Begriff gebracht werden müssen, damit das in ihnen Angelegte realisierbar wird. Im weiteren aber reicht allein das Begreifen der objektiv-realen Möglichkeiten, zum Daß immer weiter, immer näher zu gelangen, nicht aus, sie sind nur realisierbar, wenn der subjektive Faktor kräftig eintritt, wie er hier nun innerhalb des Geschichtsprozesses gemäß einem ökonomisch-gesellschaftlichen Fahrplan als eingreifende Beförderung des objektiv-real Fälligen, konkret Möglichen erscheint«[24].

6. Die Materie

Das Substrat realer Möglichkeit, das also, woraus die neuen Gestaltungen entstehen und sich ausprägen, ist die Materie. So sagt Ernst Bloch: »Reale Möglichkeit selber, soll sie nicht in weniger als Luft schweben, ist einzig die der Materie, einer vom ahistorischen Klotz freilich weit entfernten, höchst utopisch geladenen«[1]. Was ist darunter zu verstehen?

Materie ist für Bloch kein toter Klotz, »der nur von Druck und Stoß geschoben wird und sich immer gleich bleibt«[2]. Um die qualitativen Ausprägungen in der materiellen Entwicklung zu begreifen, bedarf es einer Erweiterung des hergebrachten Materie-Begriffs, der vor allem von den rein mechanischen Elementen befreit werden muß. Die Voraussetzungen dazu findet Bloch in Hegels Dialektik, die als »Logik des Prozesses« Materie nicht ohne Bewegung auffaßt, auch wenn Hegel sie noch als Material der Selbstentwicklung des Geistes zuordnet. Die »Berichtigung des Geisterzuges zum irdischen Prozeß«[3] blieb Marx vorbehalten, dessen Auffassung des Menschen als gegenständlich-materiellen Wesens an den dialektisch in Bewegung gebrachten Materie-Begriff anknüpfen und ihn um den subjektiven Faktor erweitern konnte. Die »tätige Seite« des Menschen rechnet Marx dem materiellen Lebensprozeß zu. »Die Materie stellt hierbei die Substanz dar, die in der ›Arbeitsteilung‹ Subjekt-Objekt gemeinsam enthaltene, welche in und durch die tätig-gegenständliche Dialektik zwischen Subjekt und Objekt erst zu ihren unabgeschlossenen Möglichkeiten, vielmehr: möglichen Wirklichkeiten sich entwickelt«[4].

Der ersten Verbindung zwischen Materie und Dialektik fügt Bloch eine zweite hinzu: die von Materie und Utopie. In diesem Zusammenhang spricht er von spekulativem Materialismus. Dabei betont er, daß der Begriff der Spekulation dringend der Prüfung und Erinnerung seines ursprünglichen Sinnes bedürfe, weil er inzwischen heruntergekommen sei bis zum Spekulieren auf der Börse oder zum Ausdruck für unsolides und bodenloses Phantasieren. Bloch gebraucht ihn im Sinne von speculari: erspähen, umherblicken, Ausschau halten. Mit diesen beiden Erweiterungen des ursprünglich mechanischen Materie-Begriffs ist die Materie für Bloch zunächst eine nach vorwärts orientierte, von der er sagt: »Die Materie ist bewegt, indem sie in ihrem zu sich offen Möglichen ein ebenso unausgetragenes Sein ist, und sie ist nicht passiv wie Wachs, sondern bewegt sich selber formend, ausformend. Und der Geist ist darin kein Trumpf gegen sie, worin sie verdampft, die dann immer als unverbesserlicher Klotz gedachte, sondern ihre eigene Blüte, aus dem Substrat keineswegs herausfallend oder auch heraussteigend«[5]. Der Mensch hat sich für Bloch aus der Materie entwickelt, das Menschenkind ist das »eigene Kind der Materie selber, worin sie ein Auge aufschlägt, sich reflektiert«[6]. Darum besteht für ihn auch nicht der absolute Gegensatz von Materie und Geist.

Wie wir oben schon gesehen haben, ist der Prozeß nur möglich durch das wechselseitige Zusammenwirken von Sein und Bewußtsein, von Subjekt und Objekt. Beide können aber nur zusammenwirken, wenn sie sich nicht als total fremde gegenüberstehen. Somit liegt das Vermögen der Materie, sich weiter fortschreitend auszuprägen, im

Subjekt, das nicht der Materie als fremd gegenübersteht. Bloch bestimmt also Materie nicht als Gegenteil des Geistes, wie noch Lenin, für den die Materie die »unabhängig vom menschlichen Bewußtsein existierende und von ihm abgebildete objektive Realität« ist[7]. Für Bloch sind Sein und Bewußtsein Selbstunterschiede der Materie.

Am nächsten kommt Blochs Auffassung von Materie in der Philosophiegeschichte die von Aristoteles. Die Begriffsbestimmung der Materie durch Aristoteles, so interpretiert Bloch, sei die »Begriffsbestimmung des Potentiellen. Und zwar sowohl des potentiellen Kata to dynaton, des nach-Möglichkeit-Seienden, den Fahrplan der jeweils vorhandenen Bedingungen setzend, wie zentral des Potentiellen überhaupt, eben des Dynamei on im Substrat der Welt«[8]. In der Materie sind die Bedingungen enthalten, die eine weitere Formausprägung möglich machen. Aber die Veränderung der Materie kommt nicht von außen, wird nicht dem Stoff aufgeprägt, sondern: »Michelangelo glaubte in einem Marmorblock die in ihm schlafenden Gestalten zu sehen; Aristoteles gibt zuweilen Anlaß, seine Möglichkeits-Materie nicht anders zu verstehen. ... Ja dieses In-Möglichkeit-Sein der Materie enthält bei ihm sogar ein eigenes Vermögen ihrer, derart potentiell zu sein: es ist ihr Trieb geformt zu werden, ihre Trieb-Disposition zu immer höheren Formen. Durch die Sehnsucht der Materie nach Form, durch das Sehnsucht-Erregende der höchsten Form kann überhaupt erst die Energetik der Formen verwirklichend zum Zug kommen«[9]. Die Materie ist also unvollendet, ist unvollständig. In ihr liegen aber die Möglichkeiten zu immer weiter fortschreitender Vollständigkeit; der Trieb, immer vollkommener zu werden und auf dem Weg zur Vollkommenheit immer neue Formen auszuprägen, wirkt in ihr. In der Materie ist ein »Formtrieb« enthalten.

Überall in der Natur geht nach Aristoteles die Möglichkeit (dynamis) der Wirklichkeit (energeia) voraus. Die Materie strebt danach, in ihre bestimmte Form zu gelangen. Die Bewegung dorthin ist erst abgeschlossen, wenn die Materie vollständig in ihre Form eingegangen ist. Sie kann überhaupt erst in Erscheinung treten, wenn sie in die ihr zugehörige Form eintritt. Nehmen wir als Beispiel ein Haus: Der Baustoff (Steine, Zement usw.) macht das Sein eines Hauses aus. Die Materie — hier der Baustoff — ist geeignet für das Haus; sie ist der Möglichkeit nach ein Haus. Der Baustoff ist das Haus in der Weise des Haus-sein-Könnens. Er ist aber erst dann wirklich ein Haus, wenn er in dessen Form, die zunächst nur als Möglichkeit in ihm liegt, erscheint — wenn die Werdebewegung beendet ist. Das Streben der Materie, in ihre Form zu gelangen, gehört für Aristoteles zum Wesen der Materie; ebenso bedarf die Form umgekehrt der Materie, um in Erscheinung treten zu können. »So wird, wenn man die Materie nicht etwa als Wachs, sondern als selber gebärenden Schoß der entelechetischen Ausprägungen faßt, am Ende das Prinzip regierend: Nicht nur die Bewegung der Materie, sondern Materie insgesamt, als aktives dynamei on, ist noch unvollendete Entelechie. ... Bei alldem sollte das Ultimum hier als eines gedacht werden, zu dem sich das uns bisher so disparate Kosmikum der Natur mit dem Menschen vermittelt. Und das letzte Problemthema in seiner Fassung, daß Substanz ebenso Subjekt werde, bleibt Materie als unvollendete Entelechie in beiden Weltreihen: Menschengeschichte und kosmischer Natur«[10].

Da aber der Mensch das Selbst der Materie ist, wirkt er aktiv in ihr; vorzüglich — meint Bloch — wirkt das Vermögen der Materie nach vorwärts im subjektiven Faktor der revolutionär umwälzenden Klasse. Zusammenfassend: »Die Materie selber ist unabgeschlossen, also ist sie Materie nach vorwärts, ist offen, hat eine unabsehbare Karriere vor sich, in die wir Menschen mit eingeschlossen sind, sie ist die Substanz der Welt. Die Welt ist ein Experiment, das diese Materie durch uns mit sich selber anstellt«[11].

Worauf es Bloch in seinem Materie-Begriff ankommt, ist, die Materie aus ihrer Isolierung gegen den menschlichen Geist herauszuholen. Diese Isolierung setzte in einem frühen Stadium der Philosophiegeschichte ein, nämlich bei der Herausbildung von Erkenntnistheorie, deren Geschichte ja so alt ist wie die Geschichte des Warentausches. Von da an verstärkten sowohl idealistische wie auch materialistische Konzeptionen die Gegenüberstellung von Geist und Materie bis zur Isolierung gegeneinander. Die Isolierung der sich selbst bewegenden Welt, der sich selbst bewegenden Materie, aus der alle anderen Bewegungen — auch und vor allem die des menschlichen Geistes — abgeleitet werden, erreichte ihren Höhepunkt bei den mechanischen Materialisten und in der Geschichte der Arbeiterbewegung bei den Ökonomisten. Die Selbstbewegung des Geistes dagegen finden wir bei Hegel auf die Spitze und nahe an ihren Umschlagpunkt getrieben. Bloch fügt nun in seiner Konzeption die auseinandergerissenen Momente zusammen zu einer in sich unterschiedenen Einheit der Materie. Auch gegen die Auffassung, daß Materie immer derselbe Stoff sei, der sich zwar quantitativ ändern könne, aber nicht qualitativ, setzt Bloch die nach vorn hin offene Materie, die ihre möglichen Formen noch nicht ausgeprägt hat. Ihre Dynamik verschafft sich im Erkenntnisvermögen geistigen Ausdruck, das ebenso wie sie unfertig und qualitativ veränderlich ist — also keinesfalls als Apparat oder Mechanismus fungiert, der lediglich zunehmende Stoffmengen bewältigt.

In seine Materie-Definition hat Bloch Gedanken von Leibniz aufgenommen. Dieser benutzt das von Bloch angeführte Michelangelo-Beispiel schon in seiner Erwiderung auf Lockes Auffassung, daß es keine eingeborenen Ideen im Menschen gebe. Dagegen Leibniz: Gäbe es in einem Stück Marmor »Adern, welche die Gestalt des Hercules eher als irgendeine andere Gestalt anzeigten, so würde dieser Stein dazu mehr angelegt sein, und Herkules wäre ihm in gewissem Sinne wie eingeboren, wenn auch Arbeit nötig wäre, um diese Adern zu entdecken«[12]. Aber nicht nur, daß im Sein alle Weisen schon der Möglichkeit nach enthalten sind; für Leibniz sind im logischen Subjekt alle möglichen Prädikate enthalten: praedicatum inest subiecto. Darum liefert die Leibnizsche Philosophie den Ansatz für das materialistische Schema des Zusammenfallens von Logik und Onto-Logik[13].

Materie umfaßt für Bloch das Sein und den Geist. Sein und Geist — wurde gesagt — sind Selbstunterschiede der Materie. Wir sahen, daß die logischen Kategorien bei Bloch der Ontologie des Noch-Nicht-Seins entsprechen; beide fallen im Prozeß der Veränderung zusammen. Somit mußte die Darstellung der Materie-Definition bei Bloch auf die Explikation der Ontologie des Noch-Nicht-Seins und die Darstellung der Kategorien folgen: Materie — und das ist das wichtigste festzuhaltende Ergebnis —, Materie also in den dynamischen Bestimmungen, die Bloch herausgearbeitet hat, bezeichnet das Zusammenfallen von Ontologie und Logik im materialistischen Sinn.

Anhang

Anmerkungen

Werke von Ernst Bloch werden zitiert nach der Gesamtausgabe des Suhrkamp Verlages (= GA), Bd. 1-16, Frankfurt/M. 1959 ff

1. Biographische Annäherung

1 GA 5, S. 1627
2 Tagträume vom aufrechten Gang. Sechs Interviews mit Ernst Bloch. Hg. von A. Münster, Frankfurt/M. 1977, S. 21 und 26
3 Ebenda, S. 23 f
4 Ebenda, S. 27
5 GA 8, S. 12
6 W. Schubardt, Kritische Bemerkungen zu dem Buch »Subjekt-Objekt« von Prof. Dr. Ernst Bloch. In: Einheit, Nr. 6/1952
7 GA 10, S. 483
8 Tagträume, a.a.O., S. 77
9 W. Bröcker, Aristoteles, Frankfurt/M. 1974, S. 182 f
10 GA 8, S. 60
11 Th. W. Adorno, Philosophische Terminologie, Frankfurt/M. 1973, Bd. 1, S. 60
12 Vgl. GA 12, S. 228
13 J. Böhme, Aurora. In: ders., Sämtliche Schriften in elf Bänden (1730), Bd. 1, S. 4, Nr. 9
14 Ebenda, S. 24, Nr. 2
15 GA 12, S. 229
16 J. Böhme, Vom Geheimnis des Geistes. Hg. von F. A. Schmidt Noerr, Stuttgart 1969, S. 64
17 Ebenda, S. 72
18 J. Böhme, Aurora, a.a.O., S. 5, Nr. 14
19 M. Heidegger, Heraklit. In: ders., Gesamtausgabe, Frankfurt/M. 1975 ff, Bd. 55, S. 26

20 J. Böhme, Aurora, a.a.O., S. 5, Nr. 15
21 Vgl. Bloch, Vom Hasard zur Katastrophe. Politische Aufsätze 1934-1939, hg. von O. Negt, Frankfurt/M. 1972
22 Vgl. ebenda und T. Franz, Revolutionäre Philosophie in Aktion. Ernst Blochs politischer Weg, genauer besehen, Hamburg 1985, Kap. 3; hier bes. S. 71
23 Bloch, Hasard, a.a.O., S. 105
24 GA 4, S. 104
25 Bloch, Hasard, a.a.O., S. 103
26 Bloch, Über Ungleichzeitigkeit, Provinz und Propaganda. In: Gespräche mit Ernst Bloch, hg. von R. Traub und H. Wieser, Frankfurt/M. 1975, S. 197 f
27 GA 16, S. 340
28 Bloch, Hasard, a.a.O., S. 107 f
29 Ebenda, S. 108
30 GA 6, S. 232
31 O. Negt, Erbschaft aus Ungleichzeitigkeit und das Problem der Propaganda. In: Es muß nicht immer Marmor sein. Ernst Bloch zum 90. Geburtstag, Berlin 1975, S. 14
32 Tagträume, a.a.O., S. 70 f
33 GA 11, S. 365
34 Es spricht Ernst Bloch, Schallplatte des Suhrkamp Verlages, Frankfurt/M. 1970
35 J. Habermas, Die Neue Unübersichtlichkeit, Frankfurt/M. 1985, S. 143
36 Ders., Der philosophische Diskurs der Moderne, Frankfurt/M. 1985, S. 138
37 Ders., Theorie des kommunikativen Handelns, Frankfurt/M. 1981, Bd. 2, S. 581
38 Vgl. GA 6, S. 200 ff

2. Das Diesseits Marx

1 GA 12, S. 316
2 GA 8, S. 194 f

3 Vgl. ebenda, S. 198 f
4 Als Beispiel für den Marxismus sowjetischer Prägung vgl. J. H. Horn (Hg.), Ernst Blochs Revision des Marxismus, Berlin (DDR) 1957; als Beispiele für den westlichen Marxismus vgl. H. Reinicke, Materie und Revolution. Eine materialistisch-erkenntnistheoretische Studie zur Philosophie von Ernst Bloch, Kronberg/Ts. 1974; A. Schmidt, Der Begriff der Natur in der Lehre von Marx, Frankfurt/M. 1962, Kap. IV; für die dritte Variante von Marxismus vgl. R. Damus, Hoffnung als Prinzip − Prinzip ohne Hoffnung, Meisenheim/Glan 1971; H. H. Holz, Logos spermatikos. Ernst Blochs Philosophie der unfertigen Welt, Darmstadt und Neuwied 1975
5 Vgl. W. Müller, Geld und Geist. Zur Entstehungsgeschichte von Identitätsbewußtsein und Rationalität seit der Antike, Frankfurt/M., New York 1977. Diese materialreiche Untersuchung sei hier jedem empfohlen; sie hat mir den Anstoß zu meiner Interpretation der Wertformanalyse mit Bezug auf die Blochsche Philosophie gegeben.
6 K. Marx, Zur Kritik der Politischen Ökonomie. In: Marx/Engels Werke, Berlin (DDR) 1957 ff, Bd. 13, S. 35 f. − Wenn ich hier für die einfache Wertform unvermittelt deren historisches Auftreten nenne, wird das diejenigen Leser wundern, die den Streit in der Diskussion der Marxschen Wertformanalyse um die Frage kennen, in welchem Verhältnis dort »Logisches« und »Historisches« zueinander stehen. Darum bedarf es der kurzen Erläuterung. Marx gibt zum einen im *Kapital* an den entsprechenden Stellen Hinweise darauf, wann die einzelnen Wertformen historisch tatsächlich vorgekommen sind. Beispielsweise heißt es bei der einfachen Wertform: »Diese Form kommt offenbar praktisch nur vor in den ersten Anfängen, wo Arbeitsprodukte durch zufälligen und gelegentlichen Austausch in Waren verwandelt werden« (MEW 23, S. 80). Zum anderen besteht auf dem heutigen Stand der Diskussion weitgehend Einigkeit darüber, daß eine Parallelität zwischen der Darstellung im *Kapital* und der tatsächlichen historischen Entwicklung gegeben ist.

7 Ders., Grundrisse der Kritik der politischen Ökonomie, Berlin (DDR) 1953, S. 119
8 W. Müller, a.a.O., S. 12
9 Vgl. K. Marx, Das Kapital, Bd. 1, Kap. 24
10 Ders., Brief an P.W. Annenkow, 28.12.1846. In: MEW 27, S. 459
11 H. D. Bahr, »Theorie und Empirie« oder Die Vorboten der verödeten Dialektik. In: Gesellschaft. Beiträge zur Marxschen Theorie 4. Frankfurt/M. 1975, S. 159
12 W. Müller, a.a.O., S. 17
13 GA 7, S. 377
14 GA 5, S. 364
15 GA 15, S. 264
16 Ebenda, S. 252

3. Die Ontologie des Noch-Nicht-Seins

1 Bloch hat diesen Vortrag 1960 an den Universitäten Heidelberg und Tübingen gehalten. Er wurde zuerst veröffentlicht in: Philosophische Grundfragen I, Frankfurt/M. 1961; später aufgenommen in: Tübinger Einleitung in die Philosophie. Neue, erweiterte Ausgabe, Frankfurt/M. 1970 (= GA 13), Kap. 23
2 GA 13, S. 210
3 GA 15, S. 50
4 B. Schmidt, Ernst Bloch, Stuttgart 1985, S. 54
5 GA 13, S. 211
6 Ebenda, S. 214
7 Ebenda, S. 218; vgl. GA 5, S. 356 ff
8 Ebenda, S. 210
9 Ebenda, S. 218
10 GA 15, S. 69 f
11 GA 13, S. 214 f
12 H. H. Holz, a.a.O., S. 98
13 GA 13, S. 221

14 Ebenda, S. 224
15 Ebenda, S. 220 f
16 Ebenda, S. 217
17 GA 15, S. 31
18 Vgl. GA 13, S. 224
19 Vgl. GA 15, S. 57
20 Ebenda, S. 63 f
21 Ebenda, S. 66 f
22 Bloch, Über Eigenes selber. Morgenblatt des Suhrkamp Verlages Nr. 14, Sondernummer Ernst Bloch, 2. November 1959
23 GA 15, S. 67
24 GA 13, S. 211
25 GA 15, S. 255
26 Ebenda, S. 256
27 Ebenda, S. 227
28 Ebenda, S. 261; im Original ist der ganze Satz hervorgehoben.

4. Das Noch-Nicht-Bewußte

1 Sehr genau zu diesem Thema arbeitet die lesenswerte Analyse von Marianne Wurth, Antizipierendes Denken. Ernst Blochs Philosophie und Ästhetik des Noch-Nicht-Bewußten im Zusammenhang seiner Freud-Kritik, Frankfurt/M. 1986. – Vgl. zum folgenden Kap. 15 in »Das Prinzip Hoffnung«, GA 5, S. 129 ff
2 GA 5, S. 147
3 Ebenda, S. 146
4 Ebenda, S. 132
5 Vgl. H. Ganz, Das Unbewußte bei Leibniz in Beziehung zu modernen Theorien, Zürich 1917
6 Vgl. J. Locke, Über den menschlichen Verstand (1690), Berlin 1968
7 G. W. Leibniz, Neue Abhandlungen über den menschlichen Verstand (1765). Übersetzt, eingeleitet und erläutert von E. Cassirer (1915), Hamburg 1971, S. 4

8 Ebenda, S. 11
9 Ebenda, S. 13
10 Ebenda, S. 12
11 Ebenda, S. 11
12 GA 5, S. 152
13 G. W. Leibniz, Die Theodicee (1710). In: ders., Philosophische Werke. Hg. von A. Buchenau und E. Cassirer, Leipzig 1925, Bd. 4
14 Vgl. ders., Monadologie (1714). Übersetzt, eingeleitet und erläutert von H. Glockner, Stuttgart 1954
15 GA 1, S. 66
16 Ebenda, S. 66 f
17 Ebenda, S. 70
18 GA 5, S. 139
19 Ebenda, S. 140
20 Vgl. H. H. Holz, a.a.O., S. 29
21 GA 15, S. 156
22 GA 5, S. 160
23 GA 15, S. 199
24 Ebenda, S. 202 f
25 GA 5, S. 185

5. Die Kategorien

1 GA 15, S. 72
2 Ebenda, S. 77
3 Ebenda, S. 150
4 Ebenda, S. 66 f
5 Ebenda, S. 242
6 Ebenda, S. 71
7 Ebenda, S. 254
8 Ebenda, S. 70
9 Ebenda, S. 62
10 Ebenda, S. 39
11 Ebenda, S. 93

12 Ebenda, S. 106
13 Vgl. ebenda, S. 107 f; GA 7, S. 304
14 GA 15, S. 110
15 Ebenda, S. 143
16 Ebenda, S. 132
17 Ebenda, S. 161
18 Ebenda, S. 152
19 Ebenda, S. 154 f
20 Ebenda, S. 173
21 Ebenda, S. 180
22 Ebenda, S. 243
23 Ebenda, S. 239
24 Ebenda, S. 255

6. Die Materie

1 GA 13, S. 227
2 Ebenda, S. 230
3 GA 8, S. 410
4 Ebenda, S. 438
5 GA 13, S. 234
6 Ebenda, S. 203
7 W. I. Lenin, Materialismus und Empiriokritizismus. In: ders., Werke, Berlin (DDR) 1955 ff, Bd. 14, S. 261
8 GA 13, S. 208
9 GA 7, S. 144
10 Ebenda, S. 475 ff
11 Bloch, Utopische Funktion im Materialismus (Vortrag). In: ders., Tendenz — Latenz — Utopie. Ergänzungsband zur Gesamtausgabe, Frankfurt/M. 1978, S. 281
12 G. W. Leibniz, Neue Abhandlungen, a.a.O., S. 8
13 Vgl. H. H. Holz, a.a.O. S. 129 f

Literaturhinweise

Umfangreichere Bibliographien der Schriften Ernst Blochs sowie der Sekundärliteratur finden sich in: Materialien zu Ernst Blochs ›Prinzip Hoffnung‹, hg. v. B. Schmidt, Frankfurt/M. 1978, und in: Text+Kritik, Sonderband Ernst Bloch, München 1985.

Wichtige Schriften von Ernst Bloch

Ein großer Teil des Werkes von Ernst Bloch liegt in der Gesamtausgabe des Suhrkamp Verlages vor (auch als Taschenbuch):
Band 1: Spuren (zuerst 1930), in der Gesamtausgabe 1969
Band 2: Thomas Münzer (1921), 1969
Band 3: Geist der Utopie (nach der 2. Auflage von 1923), 1964
Band 4: Erbschaft dieser Zeit (1935), 1962
Band 5: Das Prinzip Hoffnung (geschrieben 1938-1947), 1959
Band 6: Naturrecht und menschliche Würde, 1961
Band 7: Das Materialismusproblem (geschrieben 1936-1937), 1972
Band 8: Subjekt-Objekt (1951), 1962
Band 9: Literarische Aufsätze, 1965
Band 10: Philosophische Aufsätze, 1969
Band 11: Politische Messungen, Pestzeit, Vormärz, 1970
Band 12: Zwischenwelten in der Philosophiegeschichte, 1977
Band 13: Tübinger Einleitung in die Philosophie (1963/64), neue, erweiterte Ausgabe 1970
Band 14: Atheismus im Christentum, 1968
Band 15: Experimentum Mundi, 1975
Band 16: Geist der Utopie (nach der 1. Auflage von 1918), 1971
Ergänzungsband: Tendenz − Latenz − Utopie, 1978

Verwiesen sei noch auf folgende Veröffentlichungen außerhalb der Gesamtausgabe (ebenfalls bei Suhrkamp):

Vom Hasard zur Katastrophe. Politische Aufsätze aus den Jahren 1934-1939. Hg. von Volker Michels, mit einem Nachwort von Oskar Negt, 1972

Leipziger Vorlesungen zur Geschichte der Philosophie, 4 Bde., 1986

Briefe 1903-1975. Hg. und kommentiert von Jan Robert Bloch u. a., 1985

Ausgewählte und kommentierte Sekundärliteratur

Gespräche mit Ernst Bloch. Hg. von Rainer Traub und Harald Wieser, Frankfurt/M. 1975

Ich halte dieses Buch heute wie vor zehn Jahren (vgl. Archiv für Sozialgeschichte, Bd. XVII, 1977, S. 580) für die wichtigste »Einstiegslektüre«. Ich schrieb damals:

»Rainer Traub und Harald Wieser haben Gespräche oder Interviews mit Ernst Bloch aus den Jahren 1964 bis 1975 gesammelt; hinzu kommen zwei Vorträge und ein Lebenslauf, von Ernst Bloch selbst verfaßt. In den Gesprächen wird Bloch zu seiner Philosophie und zu seinem Leben befragt. Seine Philosophie wird dabei von ihm mit kurzen kräftigen Strichen gezeichnet, so daß sie für den nicht mit philosophischen Fragen vertrauten Leser leicht verständlich wird. An diese Leser wenden sich die Herausgeber auch: ›Dieses Buch ist nicht in erster Linie für Akademiker gemacht, die bei der großen Philosophie ein- und ausgehen. ... Mit diesem Buch sollen vor allem diejenigen erreicht werden, die sich in der an den Universitäten gepflegten Bloch-Interpretation nicht so gut auskennen, sondern Philosophie für sich persönlich gebrauchen lernen möchten oder sich in politischer Absicht für sie interessieren‹ (S. 8). Die Lektüre dieses Bändchens ist so leicht, daß sie ›auch das Rattern eines Zuges und das Gemurmel auf Bahnhöfen verträgt‹ (S. 8). Bei alledem ist die Edition des Bändchens mit erstaunlicher Sorgfalt besorgt worden. Die Quellen der Gespräche sind genau angegeben, an jedes Gespräch schließt sich ein Index an, in dem Fachbegriffe der Blochschen

Philosophie, die gerade vorkamen, präzise erläutert werden, und im Anhang findet sich ein Register, in dem Philosophen und Politiker, die in diesem Band zur Sprache kamen, vorgestellt werden oder auch nur durch andere Zeitgenossen kurz charakterisiert werden. Zu Springer etwa findet sich die Charakteristik Bölls: ›Peinlich und ekelerregend‹ (S. 324), oder Havemann sagt unter anderem Stichwort: ›Ulbricht war keine Glanzleistung der deutschen Arbeiterbewegung‹ (S. 326). — Kurzum, dieser Band macht in einfacher und präziser Form die politische Philosophie Ernst Blochs derart zugänglich, daß auch derjenige, der von Bloch noch nie etwas gehört hat, am Ende weiß, worum es sich handelt.«

Der Leser wird obendrein Lust haben, sich nun intensiver und systematischer mit Bloch zu beschäftigen.

Peter Zudeick, Der Hintern des Teufels. Ernst Bloch — Leben und Werk, Moos/Baden-Baden 1985

Zudeicks Buch wird seinem Untertitel »Ernst Bloch — Leben und Werk« gerecht. Es handelt sich nicht nur um eine Biographie, sondern um eine lebendige Darstellung des Lebens und des Schaffensprozesses eines — nach Zudeick — großen Zauberers der Worte und Begriffe. Beispiel: Kapitel 3 (1914-1917), Geist der Utopie — Werk aus Sturm und Drang. Zudeick schildert dort nicht nur die damalige Heidelberger »Szene« (»... auch Max Weber zeigte sich von der deutsch-nationalen Seite ...«), sondern rekonstruiert die wissenschaftlichen Diskussionen genauso wie die ganz lebenspraktischen von der Art, »wie werde ich nicht einberufen«. Schließlich weiß der Leser, in welcher Lebenssituation, unter welchen persönlichen Bedingungen Bloch sein erstes Hauptwerk geschrieben hat. Dann beschreibt Zudeick mit Hilfe von gut gewählten Zitaten den Inhalt so, daß der Leser einen einführenden Überblick erhält, ohne daß die Lust an der Originallektüre vergeht. Das Kapitel wird beschlossen von einer Zusammenfassung der Wirkungsgeschichte und der Kommentare (z. B. Adorno: »Der ›Geist der Utopie‹ sah aus, als wäre er von Nostradamus' eigener Hand geschrieben«). Genauso lebendig und anschaulich geht es weiter. Man merkt, daß ein Journalist am Werke ist, aber nicht im schlechten Sinne. Zudeicks Aussagen beruhen auf fundierter

Kenntnis des Blochschen Werkes. Die Lebendigkeit wird gesteigert durch ein reichhaltiges Bildmaterial, das den jeweiligen Textstellen zugeordnet ist. Ja, das Buch ist beinahe wie ein Film und jedenfalls eine einfallsreiche, beispielgebende Präsentation.

Burghart Schmidt, Ernst Bloch, Stuttgart 1985
Schmidt versucht die Vielschichtigkeit des Blochschen Denkens einzufangen — auf 180 Seiten ein haltloses Unternehmen. Das Produkt ist streckenweise unübersichtlich. Nun, dennoch hat jeder Leser bei der Lektüre dieses Buches, das der langjährige Assistent von Bloch geschrieben hat, großen Gewinn. Zunächst versucht Schmidt, dem Leser einen Einstieg in das Blochsche Denken zu vermitteln durch die Biographie, dann nach und nach ausgehend von verschiedenen Problemkomplexen, die Bloch behandelt hat. Schmidt, der mit dem Blochschen Werk so gut wie kein anderer vertraut ist, zeigt, wie stark der Einfluß Husserls auf die Philosophie von Bloch gewesen ist. Diese Tatsache ist in der Bloch-Diskussion wohl nur wenigen bekannt. Kaum bekannt ist wohl auch die biographische Tatsache, daß Bloch in der DDR anfangs eine so hohe Verehrung genoß. Biographisch Unbekanntes darzulegen und theoriegeschichtliche Einflüsse hervorzuheben, darin liegt die Stärke dieses Buches. Interessant ist auch die von einigen Co-Autoren am Ende des Buches dargestellte Rezeption des Blochschen Werkes in Italien, USA, Frankreich und Jugoslawien.

Doch noch etwas: Es ist in Mode gekommen, Bloch zu kritisieren wegen seiner naiven politischen Einschätzungen. Daß sie oft naiv gewesen sind, habe ich selbst in Gesprächen mit ihm in den letzten Jahren seines Lebens in der Bundesrepublik erfahren müssen. Doch Bloch hatte nicht nur politische Ansichten, die er ausdrückte, sondern er setzte sich auch mit ganzer Kraft immer für das ein, was er für richtig hielt. Das forderte seine innere Haltung von ihm. Bei ihm fielen Wissen und Leben nicht auseinander. Ich bezweifle, daß alle diejenigen, die heute seine politischen Fehleinschätzungen kritisieren, diese Haltung haben, daß sie bereit sind, sich auf politische Debatten einzulassen und handelnd für die eigene politische Auffassung geradezustehen. Bloch ist sicher auch in seiner Einschätzung des Stalinismus naiv gewesen. Doch dieser Einschätzung lag eine Überlegung zugrunde, die wir von Schmidt in aller wünschenswerten Klarheit mitgeteilt bekommen: »Noch in Prag griff Bloch in eine andere politische Debatte der linken Emigranten ein und wurde dabei von vielen vollkommen mißverstanden. Es handelte sich um die Moskauer Prozesse; Bloch war in Sorge, daß nun die Sowjetunion mit Nazideutschland gleichgesetzt und gänzlich verteufelt würde. So machte er zunächst einmal auf den fragwürdigen Informationsstand im Westen aufmerksam, der etwa auch interessiert verfälscht sein könnte, sodann sah er, sozusagen außenpolitisch, die Notwendigkeit für die Linke, vor dem Hintergrund der zu Kompromissen mit Hitler einschwenkenden westlichen Staaten die Sowjetunion als einzig bleibende Feindgroßmacht des Faschismus weiterhin zu unterstützen. Auch schloß er die Gefahr eines Bürgerkrieges in der Sowjetunion nicht als ungegeben aus, was diese an Hitler ausgeliefert hätte, und zeigte für den Fall einer solchen Gefahr Verständnis, wenn der sowjetische Staat Machtmittel einsetzte.«

Trautje Franz, Revolutionäre Philosophie in Aktion. Ernst Blochs politischer Weg, genauer besehen, Hamburg 1985

Trautje Franz greift kritisch u.a. in die Debatte um Blochs Haltung zum Stalinismus ein. Sie geht aber weit über diese punktuelle Kritik hinaus, indem sie Blochs Zeitdiagnosen untersucht und zu einem Gesamtbild von Blochs politischem Selbstverständnis verdichtet. Ihr Ergebnis: Sein religiös und sozialrevolutionär gefärbtes Pathos habe die Adaption marxistischer Ideen überformt, sein überschießendes visionäres Temperament durchweg wenig Bemühen um empirische Analyse und Sachverstand erkennen lassen, der Unbedingtheitsanspruch seiner Lehre zu schematischen Schlußfolgerungen geführt. Seine elitäre Konzeption von Führerschaft und Gefolgschaft in revolutionären Bewegungen — wobei er seiner Philosophie die Rolle des »Generalstabs« und sich selbst die des »Rufers in der Wüste« zuschreibt — entziehe letztlich seinem Denken praktische Relevanz. Die politische Bedeutung Blochs begrenzt Trautje Franz auf seine Frontstellung gegenüber unüberlegtem Spontaneismus einerseits und Sachzwanglogik andererseits sowie auf Impulse zur utopischen Erweiterung politisch-praktischer Zielvorstellungen.

Ein Buch, das letztlich die Diskussion über Blochs politische Haltung erneut entfachen wird. Darum sollte es gelesen werden. Ich kann dem Ergebnis von Trautje Franz nicht zustimmen.

Marianne Wurth, Antizipierendes Denken. Ernst Blochs Philosophie und Ästhetik des Noch-Nicht-Bewußten im Zusammenhang seiner Freud-Kritik, Frankfurt/M. 1986

Ausführlich werden hier die von mir nur kurz angesprochenen Themen »Bloch und die Psychoanalyse« und »Blochs Ästhetische Theorie« behandelt. Diese überaus lesenswerte Arbeit ist eine Dissertation, die mit hoher Sorgfalt und großem Kenntnisreichtum erstellt wurde. Die Autorin kritisiert sehr fundiert und nicht polemisch sowohl Freud wie auch Bloch. Sie zeigt, daß Bloch die Freudsche Theorie streckenweise mißverstanden hat. Die Autorin arbeitet die Unterschiede von Freud und Bloch heraus, zeigt aber auch, daß Bloch der Freudschen Theorie viel näher stand, als er selber es wußte: »Wenn Bloch die Freudsche Produktivitätstheorie als regressiv kritisiert, so ist dem zumindest entgegenzuhalten, daß der Faktor des Vergangenen sich gerade im Rahmen der künstlerischen Aktivität nicht dadurch aus der Welt schaffen läßt, daß man ihn verleugnet. Vielmehr profitieren gerade im Bereich der Produktivität die Aspekte des Noch-Nicht und die des Nicht-Mehr vom jeweiligen Gegenteil, indem sie Verbindungen miteinander eingehen und die prinzipiell ins Unendliche gehenden Möglichkeiten der Kombinatorik nutzen. Nicht jeder Gedanke, der sich auf die Vergangenheit einläßt, verfällt automatisch der Regression.«

Hans Heinz Holz, Logos spermatikos. Ernst Blochs Philosophie der unfertigen Welt, Darmstadt und Neuwied 1975

Ein Beispiel dafür, wie subtil die Kritik, die an Bloch von DDR-Philosophen geübt wurde, sich heute noch immer durchsetzt, ist das Buch von Holz. Der Autor beginnt ganz richtig mit dem Kerngedanken der Blochschen Philosophie, mit der »Ontologie des Noch-Nicht-Seins«. Im zweiten Teil des Buches werden — darauf basierend – die anderen Teile des Blochschen Werkes interpretiert. Ganz allmählich gelangt der Leser bei der Lektüre des zweiten Teils zu der Annahme, daß Blochs Denken seinen Ausgangspunkt bei der christlichen Heilserwartung gewonnen habe. Das inzwischen zur Verfügung stehende biographische Material klärt uns dagegen darüber auf, daß Blochs Denken ursprünglich vom Sozialismus inspiriert war, und daß die Behauptung, Bloch habe sich später dem Marxismus amalgamiert, nicht stimmt.

Holz kritisiert im weiteren die Blochsche Erkenntnistheorie – wie sich herausstellt, vom Standpunkt der Widerspiegelungstheorie. Es verwundert nicht, daß Bloch von dieser Warte aus kritisiert werden muß. Im dritten Teil steigert sich Holz dann zu einer Kritik an Blochs Einstellung zur DDR, die zwischen den Zeilen vorgetragen wird. Daß Bloch eine kritische Haltung zur DDR einnahm, darf ebenfalls nicht verwundern angesichts der Erfahrungen, die Bloch mit diesem Machtsystem hatte.

Das Buch von Holz ist streckenweise vor allem wegen seiner subtil vorgetragenen Kritik aus orthodox-marxistischer Sicht interessant. (Meine detaillierte Rezension ist abgedruckt im »Archiv für Sozialgeschichte«, Band XVII, 1977, S. 577 ff.)

Materialien zu Ernst Blochs ›Prinzip Hoffnung‹. Hg. und eingeleitet von Burghart Schmidt, Frankfurt/M. 1978
Ernst Bloch. Text+Kritik Sonderband, München 1985

Diese beiden Sammelbände enthalten eine Vielzahl von Aufsätzen zu den verschiedensten Aspekten der Blochschen Philosophie, wobei sich der erste keineswegs auf Beiträge zum »Prinzip Hoffnung« beschränkt.

Die in dem »Materialien«-Band versammelten Aufsätze sind im Niveau recht unterschiedlich, viele waren vorher schon in Zeitschriften erschienen oder als Teile umfangreicherer selbständiger Veröffentlichungen der Autoren. Es finden sich Interpretationsansätze zum »Prinzip Hoffnung« neben Aufsätzen, die Bezüge zu Hegel, Marx u. a. herstellen, sowie Beiträge zu philosophischen Teilgebieten, die in Blochs Werk eine Rolle spielen: so zur Ontologie, Anthropologie, Ethik, Ästhetik und Religionsphilosophie. Ich will darauf verzichten, hier einzelne Beiträge hervorzuheben;

jeder Leser sollte den Band ganz nach individuellem Interesse selektiv nutzen.

Das gilt ebenso für den Sonderband von Text+Kritik. Er kann als Beispiel dafür dienen, welch unerschöpflichen Reichtum von Ansatzstellen für eigenes Denken Blochs Werk eröffnet, ist aber eben darum auch keineswegs repräsentativ für den Stand der Diskussion um Bloch. Leser, die in ihrer Bloch-Lektüre schon weiter fortgeschritten sind, finden einige recht interessante Einzelstudien vor allem zu ästhetischen Aspekten und zum Begriff der Utopie.

Beide Bände enthalten umfangreichere Bibliographien der Schriften Ernst Blochs und der Sekundärliteratur.

Zeittafel

1885 Am 8. Juli in Ludwigshafen geboren
1905 Abitur und Studium der Germanistik, Philosophie, Physik und Musik
1908 Promotion mit einer Arbeit über Rickert bei Külpe in Würzburg
1913 Heirat mit Else von Stritzky
1917 Emigration in die Schweiz
1918 *Geist der Utopie*
1921 Tod von Else von Stritzky. *Thomas Münzer*
1923 *Geist der Utopie* (Neuausgabe) und *Durch die Wüste*
1930 *Spuren*
1933 Am 6.März Emigration in die Schweiz
1934 Ausweisung aus der Schweiz; weiter nach Wien, wo er Karola Piotrkowska heiratet
1935 Umzug nach Paris. *Erbschaft dieser Zeit* erscheint in Zürich
1936 Wohnung in Prag (bis 1938)
1937 Geburt des Sohnes Jan Robert
1938 Emigration in die USA
1949 Übersiedlung nach Leipzig. *Subjekt-Objekt* erscheint, zuerst in spanischer Sprache
1954 *Prinzip Hoffnung,* erster Band; 1955 zweiter Band
1955 Nationalpreis der DDR, Vaterländischer Verdienstorden, Mitglied der Deutschen Akademie der Wissenschaften
1957 Emeritierung, Lehr- und Veröffentlichungsverbot
1959 *Spuren* und *Prinzip Hoffnung* erscheinen bei Suhrkamp
1961 Während einer Reise nach Bayreuth und München wird die Berliner Mauer gebaut. Bloch kehrt nicht in die DDR zurück. Gastprofessur in Tübingen. *Naturrecht und menschliche Würde*
1964 Kulturpreis des DGB

1965 *Literarische Aufsätze*
1967 Friedenspreis des Deutschen Buchhandels
1968 *Atheismus im Christentum*
1969 Ehrendoktor der Universität Zagreb. *Philosophische Aufsätze*
1970 Ehrenbürger der Stadt Ludwigshafen. *Politische Messungen*
1972 *Materialismusproblem*
1975 Ehrendoktor der Sorbonne und der Universität Tübingen. *Experimentum Mundi*
1977 *Zwischenwelten in der Philosophiegeschichte* erscheint; *Tendenz-Latenz-Utopie* (Ergänzungsband zur Gesamtausgabe) wird zur Veröffentlichung vorbereitet
1977 Am 4. August in Tübingen gestorben

Detlef Horster, geb. 1942 in Krefeld, Professor für Philosophie an der Universität Hannover. Studium der Politikwissenschaft, Soziologie, Rechtswissenschaft (1. jur. Staatsexamen) und Philosophie, letzteres vor allem bei Karl-Heinz Volkmann-Schluck. Buchveröffentlichungen: Monographien zu Alfred Adler, Habermas und Kant in dieser Reihe; Die Subjekt-Objekt-Beziehung im Deutschen Idealismus und in der Marxschen Philosophie (1979); Vernunft, Ethik, Politik − Gustav Heckmann zum 85. Geburtstag (Mitherausgeber, 1983); Das Sokratische Gespräch in der Erwachsenenbildung (1986). Hauptarbeitsgebiete: Wissenschaftstheorie, Geschichte der Philosophie, Didaktik der Philosophie.

Bilder aus dem Leben
Ernst Blochs

1921, Gemälde von Willi Geiger

1925

1938 in Valley Cottage, New York (wie auch die beiden folgenden Bilder). Im Vordergrund von links nach rechts: Hanns Eisler, Karola Bloch, Jan Robert Bloch, Lou Eisler, Sylvia Schumacher, Ernst Bloch, Joachim Schumacher

Vorne Hanns und Lou Eisler mit dem einjährigen Jan Robert, hinten rechts Ernst Bloch

Sitzend Hanns und Lou Eisler, rechts Joachim
Schumacher und Ernst Bloch mit Jan Robert

Jan Robert mit seinem Vater 1940 in den USA

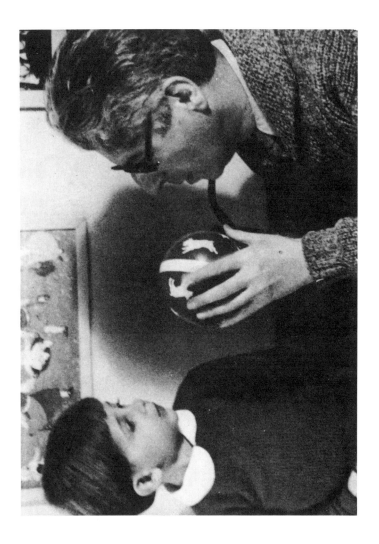

1955 in Leipzig

1964 in Tübingen

1964 in Tübingen

1966 in Tübingen

1974 in der Tübinger Wohnung, fotografiert
von Jan Robert Bloch

Konrad Paul Liessmann
**Günther Anders
zur Einführung**

160 Seiten, DM 14,80
ISBN 3-88506-843-5

Günther Anders, jahrzehntelang ein Geheimtip, ist zweifellos einer der ganz wichtigen Denker unserer Zeit. Kaum einer hat wie er versucht, den selbstzerstörerischen Fortschritt unserer technischen Zivilisation in seinen vielfältigen Erscheinungsformen zu beschreiben, zu analysieren und auf den Begriff zu bringen.

Die vorliegende Einführung macht mit den zentralen Kategorien des Denkens von Günther Anders bekannt, ohne dabei zu vergessen, daß Anders immer auch Literat, Kunstphilosoph, Moralist und ein eminent politischer Mensch gewesen ist.

Fordern Sie unseren Prospekt »Zur Einführung« an!

JUNIUS

Helmut Wehr
Erich Fromm zur Einführung

150 Seiten, DM 16,80
ISBN 3-88506-852-4

Psychoanalyse, Marxismus, messianisches Judentum, Buddhismus, Humanismus — im Werk von Erich Fromm (1900-1980) vereinigen sich vielfältige Einflüsse. Keinem Schema zuzuordnen, ist Fromm für die einen »neo-freudianischer Revisionist« (H. Marcuse), für die anderen Prophet, Visionär und Hoffnungsträger einer friedfertigeren Welt.

Helmut Wehr zeichnet in dieser Einführung ein ganzheitliches Bild Fromms, das frühe wie späte Werke als Elemente seines Engagements für einen humanistischen Sozialismus erkennbar werden läßt. Kritische Gesellschaftstheorie und humanistische Ethik sind für Fromm untrennbar.

Junius Verlag GmbH
Stresemannstraße 375, 2000 Hamburg 50
Telefon 040-89 25 99, Telefax 040-89 12 24

In der Reihe *zur Einführung* bisher erschienen:

Alfred Adler von Detlef Horster · **Adorno** von Willem van Reijen · **Althusser** von Klaus Thieme · **Günther Anders** von Konrad Liessmann · **Karl-Otto Apel** von Walter Reese-Schäfer · **Roland Barthes** von Gabriele Röttger-Denker · **Benjamin** von Burghart Schmidt · **Bergson** von Gilles Deleuze · **Bloch** von Detlef Horster · **Brecht** von Helmut Fahrenbach · **Derrida** von Heinz Kimmerle · **Norbert Elias** von Ralf Baumgart/Volker Eichener · **Foucault** von Hinrich Fink-Eitel · **Paulo Freire** von Dimas Figueroa · **Freud** von Hans-Martin Lohmann · **Friedlaender/Mynona** von Peter Cardorff · **Erich Fromm** von Helmut Wehr · **Habermas** von Detlef Horster · **Horkheimer** von Willem van Reijen · **Husserl** von Peter Prechtl · **Alexandra Kollontai** von Gabriele Raether · **Kropotkin** von Heinz Hug · **Lacan** von Gerda Pagel · **Gustav Landauer** von Siegbert Wolf · **Karl Liebknecht** von Ossip K. Flechtheim · **Rosa Luxemburg** von Ossip K. Flechtheim · **Lyotard** von Walter Reese-Schäfer · **Machiavelli** von Quentin Skinner · **Herbert Marcuse** von Hauke Brunkhorst / Gertrud Koch · **Marx** von Ossip K. Flechtheim / Hans-Martin Lohmann · **George Herbert Mead** von Harald Wenzel · **Montaigne** von Peter Burke · **Franz Neumann** von Alfons Söllner · **Nietzsche** von Wiebrecht Ries · **Wilhelm Reich** von Martin Konitzer · **Karl Renner** von Anton Pelinka · **Otto Rühle** von Henry Jacoby / Ingrid Herbst · **Sartre** von Martin Suhr · **Georg Simmel** von Werner Jung · **Sohn-Rethel** von Steffen Kratz · **Sorel** von Larry Portis · **Manès Sperber** von Alfred Paffenholz · **Trotzki** von Heinz Abosch · **Max Weber** von Volker Heins · **Simone Weil** von Heinz Abosch · **Wittgenstein** von Chris Bezzel · **Virginia Woolf** von Vera und Ansgar Nünning